KB136110

직장인의 교양 데이터 과학

직장인의 교양 데이터 과학
데이터 과학에는 데이터를 이해하는 당신이 필요하다.

초판 1쇄 2021년 10월 08일

지은이 타카하시 이치로(高橋威知郎)
옮긴이 윤인성
발행인 최홍석

발행처 (주)프리렉
출판신고 2000년 3월 7일   제 13-634호
주소 경기도 부천시 원미구 길주로 77번길 19 세진프라자 201호
전화 032-326-7282(代)   팩스 032-326-5866
URL www.freelec.co.kr

편집 고대광
표지디자인 황인옥
본문디자인 박경옥

ISBN 978-89-6540-315-9

직장인의 교양
데이터 과학

데이터 과학에는
데이터를 이해하는
당신이 필요하다

타카하시 이치로 高橋威知郎 지음 · 윤인성 옮김

프리렉

머리말

"AI다!"

"IoT다!"

"빅 데이터다!"

최근 업계에서 많이 들을 수 있는 말입니다. 경영자와 관리자가 되면 이러한 말이 다음과 같이 바뀝니다.

"우리 회사가 게임 체인저(game changer)가 되자!"

"디지털 포메이션을 하자!"

"일단 데이터 비즈니스를 활용해서 수익 확대를 하자"

이게 무슨 말일까요?

현재를 "4차 산업혁명"이 일어나고 있는 시기라고 이야기합니다. 4차라고 부르므로 과거에 이미 이러한 혁명이 3번 일어났다는 것입니다. "공업 혁명"이라고 부르는 18세기 중반의 혁명을 "1차 산업혁명", 토마스 에디슨으로 대표되는 1900년 정도까를 "2차 산업혁명", "디지털 혁명"이라고 불리는 인터넷 등이 중심 역할을 했던 1990년대를 "3

차 산업혁명"이라고 부릅니다. 그리고 AI(인공지능)와 IoT(사물 인터넷), 빅데이터가 이끌고 있는 현재의 혁명을 "4차 산업혁명"이라고 부릅니다.

구체적으로 어떤 혁명인지, 현재 혁명의 과정에 있는 우리는 알 수 없습니다. 왜냐하면 현재 혁명의 과정에 있는 우리들이 만들어나가는 혁명이기 때문입니다.

"이런, 근데 우리 회사는 사장이 AI를 계속 외치고 있지만, 회사는 아직 디지털화조차 되지 않았는데……."

충분히 디지털화에 대응하지 못하고 있는 기업, 행정기관, 조직은 굉장히 많습니다. 예를 들어서 디지털화가 되어 있다면 편리하겠지만, 아직도 "계약서를 프린트하고, 필요한 항목(서명 등)을 손으로 기입한 뒤, 팩스 등으로 보내야 한다"라는 기업도 있습니다. 이런 상황은 디지털화가 충분히 대응되지 않은 상태에서 다음 혁명의 파도가 몰려오고 있기 때문에 큰일이라고 할 수 있습니다.

요즘은 "데이터 과학자"(AI/머신러닝 엔지니어 포함)라는 직업이 주목받고 있습니다. 데이터 과학자라는 말을 들으면, 많은 사람들이 다음과 같은 생각을 합니다.

"나와는 관계없는 일이네"

"다들 알아서 열심히 하겠지"

"맨날 이상한 것이 생기네"

그냥 보면 "수학에 강한 사람이, 컴퓨터를 사용해서, 데이터를 만지는 것"이라는 느낌이 있습니다.

때로는 마법사처럼 보이기도 하고, 때로는 존경스럽게까지 보이기도 합니다.

사실 데이터 과학자라는 직업은 적어도 20년 전 정도부터 있었습니다. 익숙하지 않을 수 있지만, 데이터를 분석하거나 시스템을 구축하는 수학 모델(현실 세계에서 일어나고 있는 문제를 효율적으로 해결하기 위해 컴퓨터로 방정식과 같은 수학적인 형태로 나타낸 것입니다. 이상 감지, 예측 모델, 최적화 모델 등이 대표적인 예) 등을 구축하거나, 이를 위한 알고리즘을 연구·개발하고, 컴퓨터 프로그램으로 구현(새로운 부품 또는 기능을 만드는 것)하는 일을 하는 직업입니다.

이러한 데이터 과학자가 부족합니다. 왜일까요? 이는 "AI다!", "IoT다!", "빅 데이터다!"라고 외치는 시대에는 데이터 과학자가 많이 필요하기 때문입니다. 4차 산업혁명이 본격적으로 진행되면서, 점점 더 많은 데이터 과학자가 필요해지고 있습니다. 하지만 데이터 과학자만으로는 4차 산업혁명의 파도를 이겨내고, 높은 곳으로 향하는 데 무리가 있습니다.

데이터 과학 비즈니스에는 중요한 포인트가 있습니다. 바로 "데이터 과학자만으로는 아무것도 할 수 없다는 것"입니다. 이는 현재도 과거도 다르지 않습니다. 함께 할 수 있는 다른 사람이 필요합니다. 특별한 인재가 아니라, 데이터 과학을 이해하고 있는 일반적인 비즈니스맨이 필요합니다.

데이터 과학자만으로도 AI, IoT, 빅데이터에 대해서 무언가 만들수는 있습니다. 하지만

"우리 회사가 게임 체인저(game changer)가 되자!"

"디지털 포메이션을 하자!"

"일단 데이터 비즈니스를 활용해서 수익 확대를 하자"

라는 수준까지 도달하기는 힘듭니다.

그렇다면 어떻게 해야 좋을까요? 기술력보다는 "팀의 힘"이 중요합니다. 다음과 같은 인재가 필요합니다.

- **데이터 과학자(AI/머신러닝 엔지니어 포함)**
- **데이터 엔지니어**
- **도메인을 연결하고, 데이터 과학을 이해하고 있는 비즈니스맨**
- **회사 내부에서 정치력이 있으며, 데이터 과학을 이해하고 있는 비즈니스맨**
- **회사 내부 IT 전문가들과 소통하며, 데이터 과학을 이해하고 있는 비즈니스맨**

문과를 위한 데이터 과학 책

성큼 다가온 AI 시대에는 데이터 과학이란 무엇인지 이해하고, 데이터 과학을 활용할 수 있는 비즈니스맨이 필요합니다. 실제로 기업에서 데이터 과학자 이상으로 부족한 인력은, 데이터 과학을 이해하고 데이터 과학자와 함께 협력하는 비즈니스맨입니다.

이 책은 이러한 비즈니스맨을 위해 집필되었습니다. 전문적인 데이터 과학자를 위한 책이 아니라, 일반적인 비즈니스맨을 위한 책입니다. 비즈니스맨이라면 비즈니스에서 데이터 과학자가 무엇인지 파악하고, 전문적인 데이터 과학자와 함께 데이터 과학을 실행해서 비즈니스 성과 등의 어떤 결과를 얻어낼 수 있을 것입니다.

또한 적어도 단순한 디지털화를 AI화라고 말하는 바보 같은 모습이나, 비즈니스 성과를 얻을 수 없는 디지털화를 위한 막대한 IT 투자 등을 피할 수 있을 것입니다.

1장에서는 왜 지금 시점에 데이터 과학이 필요한지, 그리고 데이터 과학이란 무엇인지, 데이터 과학자란 무엇인지, 데이터 과학을 지탱하기 위해서 필요한 비즈니스맨은 누구인가 등을 살펴보겠습니다.

2장에서는 데이터 과학이라는 무기의 장점, 데이터 과학을 실현하는 과정, 데이터 과학에서 사용하는 수학 모델 등을 살펴봅니다. 수학 모델을 자세하게 설명하지는 않습니다. 이에 대해서 관심 있는 분이라면 관련된 IT 전문서를 읽으면 좋을 것입니다.

1장과 2장은 개념적인 이야기입니다. 3장에서는 개별적인 내용을 조금 더 구체적으로 살펴봅니다. "작게 시작해서 크게 파급시키기"라는 콘셉트를 설명하고, 이와 관련된 간단한 사례를 소개합니다.

4장에서는 미래의 이야기입니다. 필자가 예언자는 아니므로, 지금까지 일어났던 일들을 기반으로 미래에는 어떤 일이 일어날 수 있는지를 설명합니다. 밝은 미래와 함께, 그 미래에 짚어야하는 부분들을 간단하게 설명합니다.

참고로 수학 모델과 관련된 내용을 처음 듣는다면, 용어가 익숙하지 않을 수 있습니다. 전혀 이해가 되지 않는다면, 무리하지 말고 가볍게 넘어가기 바랍니다. 관련되어 자세한 내용이 필요한 분이라면 별도의 책을 참고하기 바랍니다.

- 일러스트: 다카하시 이치로
- 도서 디자인: 오오구치 타로
- DTP와 도표: 요코우치 토시히코
- 교정: 쿠로다 나오미(사쿠라크리에이트)

차 례

1장

데이터를
지배하는 자가
비즈니스를
지배한다.

데이터가 열쇠를 쥐는
시대의 도래

데이터가 열쇠를 쥐는 시대가 도래했습니다.

앞선 이야기를 하면 다음과 같은 말을 들을 수 있습니다.

"데이터 같은 것으로 무엇을 할 수 있다고?"

"너무 과대평가된 것 아닌가?"

"정말인가요?"

2019년 미국에서 선정한 직업 순위에서 데이터 과학자가 1위를 차지했습니다. 이는 데이터가 열쇠를 쥐는 시대를 나타내는 대표적인 예라고 할 수 있습니다.

이는 기업에 대한 평가와 연봉 등을 정리해서 보여주는 소셜 구인 사이트인 Glassdor에서 "The Best 50 Jobs in America for 2021"라며 공개한 내용입니다. 사실 2016년부터 현재(2019년 7월)까지도 데이터 과학자는 계속 1위를 지키고 있습니다. 또한 단순하게 연봉이 높을뿐만 아니라, 업무에 대한 만족도도 높다는 것이 특징입니다(표 1-1).

미국 이외의 지역에서도 데이터 과학자에 대한 수요가 굉장히 빠르게 증가하고 있습니다. 또한 회사 내부에서 데이터 과학자를 교육하는 프로그램, 사내 데이터 과학자의 수준을 인정하는 제도를 만드는 기업도 늘어나고 있습니다.

추가로 비즈니스 경험이 없는 신입 데이터 과학자를 우대하는 기업도 늘어나고 있습니다.

이는 미국만의 이야기가 아닙니다. 전 세계적으로 신입 데이터 과학자에게 다른 직종의 신입과 비교해서 1.5~2배의 연봉을 주는 기업이 늘어나고 있습니다.

최근 GAFA(Google, Amazon, Facebook, Apple) 등의 기업들이 세계적인 주목을 받고 있습니다. 이 기업들은 모두 개인 정보를 시작으로 여러 가지 정보를 수집하고, 이를 잘 활용한 미국의 신흥 기업들입니다. 결과적으로, 데이터를 통해 경쟁 우위 상황을 만들어 급성장했습니다. 그렇다면 구체적으로 데이터가 어떤 형태로 경쟁력을 만들어내고 있는 것일까요?

| 표 1-1 | 미국 2019년 직업 랭킹

	직종	평균 연봉	만족도	구인 수
1위	데이터 과학자	11.0만 달러	4.2/5	4,524
2위	간호 매니저	10.5만 달러	4.0/5	3,369
3위	마케팅 매니저	8.5만 달러	4.0/5	6,439
4위	작업 치료사[1]	7.4만 달러	4.0/5	11,903
5위	프로덕트 매니저	8.5만 달러	3.9/5	4,458
6위	데브옵스 엔지니어	7.6만 달러	3.9/5	5,839
7위	프로그램 매니저	13.5만 달러	4.2/5	1,195
8위	데이터 엔지니어	9.0만 달러	4.1/5	1,809
9위	HR 매니저	11.3만 달러	3.7/5	7,531
10위	소프트웨어 엔지니어	7.2만 달러	4.0/5	4,241

출처 glassdoor: "50 Best Jobs in America for 2019" (https://www.glassdoor.com/List/
Best-Jobs-in-America-LST_KQ0,20.htm)〈2019년 7월 - 일부 편집〉[2]

• • •

1   역주: 작업 치료사(Occupational Therapist)는 거의 들어보지 못한 분들이 많을 것으로 생각
    됩니다. 작업 치료사는 휴식, 수면, 일상 생활, 놀이, 교육, 생산, 여가, 사회적 참여를 제대
    로 하지 못하는 사람들의 삶을 개선해주기 위한 보건 의료자입니다. 한국에도 작업 치료
    사 연맹이 따로 있기는 하지만, 대부분 정신과에서 관련된 업무를 수행합니다.

2   역주: 참고로 2020년과 2021년에는 각각 프런트앤드 개발자와 자바 개발자가 1위를 했습
    니다. 그래도 데이터 과학자는 1~3위 내부에 항상 위치합니다.

가까운 곳에서 Google의 검색 연동형 광고 서비스를 찾을 수 있고, 많은 사람들은 Google 검색 서비스를 사용하고 있습니다. 전 세계 많은 사람들이 인터넷에서 검색하는 것을 "구글링한다"라고 표현하는 것을 보면 알 수 있는 것처럼, Google 검색 서비스는 굉장히 일상적인 것이 되었습니다.

이러한 Google의 검색 서비스는 무료로 이용할 수 있으며 구글 검색을 사용하면, 검색하는 행위와 관련된 데이터가 발생하고 축적됩니다. 이러한 데이터를 기반으로 구글 검색 서비스는 매일매일 개선되고 있습니다.

데이터가 발생하면 발생할수록, Google 검색 서비스는 점점 좋아지며, 서비스의 매력도 점점 향상됩니다. 그리고 서비스의 매력이 향상되면 보다 많은 사람들이 사용하게되며, "사람들이 많이 모이는 공간"이 발생합니다.

앞선 예처럼 "사람이 많이 모이는 공간"이란 검색 결과(사용자가 보는 컴퓨터 또는 스마트폰의 브라우저 화면)입니다. 많은 사람들이 보기 때문에 광고를 하는 입장에서 보면, 이런 위치는 굉장히 매력적입니다.

인터넷에 광고를 올리고자 하는 광고주 입장에서 Google 검색 서비스가 제공하는 "사람들이 모이는 공간"은 굉장히 매력적입니다. 또한 광고료도 다른 광고 매체(텔레비전 CM 또는 신문 광고 등)와 비교해서 더 저렴하다면, 상당히 매력적인 광고 매체로 비칠 것입니다(실제로

1,000원 정도로도 광고가 가능합니다).

이러한 광고 서비스를 이용하면, 광고료와 관련된 데이터도 발생합니다. 따라서 이러한 데이터를 기반으로 또 서비스를 매일매일 개선할 수 있습니다. 데이터가 발생하면 발생할수록 Google 광고 서비스는 보다 좋아지며, 서비스로서의 매력이 점점 향상됩니다. 또한 현재는 광고주에게 다양한 조언을 해주는 AI도 있습니다. 서비스가 향상되면 점점 더 많은 사람들이 사용하게 되며, 광고료가 저렴함에도 "티끌 모아 태산"이라는 말처럼 거대한 수익이 발생합니다(**그림 1-1**).

정리하면 데이터가 늘어나면 늘어날수록 서비스의 매력이 높아지며, 서비스의 매력이 높아질수록 데이터도 증가합니다. 그리고 이러한 루프가 반복되면 반복될수록 수익이 극대화됩니다. 이처럼 데이터를 경쟁력 향상에 활용하는 경제적 행동을 "데이터 이코노미"라고 부릅니다. 데이터가 비즈니스 성장의 핵심이 되는 것입니다.

이러한 기업들은 데이터를 독점하게 됩니다. 데이터 독점은 기업 간의 경쟁 자체가 일어날 수 없게 만듭니다. 세계적으로 많은 국가들이 데이터 독점 상태를 규제하기 시작하고 있습니다. 예를 들어서 EU에서는 이미 개인 정보 보호라는 이름 아래에 기업들의 데이터 수집을 차단하고 있습니다. 하지만 이와 또 반대로 데이터의 유통을 촉진하려는 움직임도 있습니다. 이는 데이터에 큰 힘이 있다는 반증이기도 합니다. 데이터가 힘이 없다면, 규제와 촉진 모두 없을 것입니다.

| 그림 1-1 | Google 검색 연동형 광고 서비스

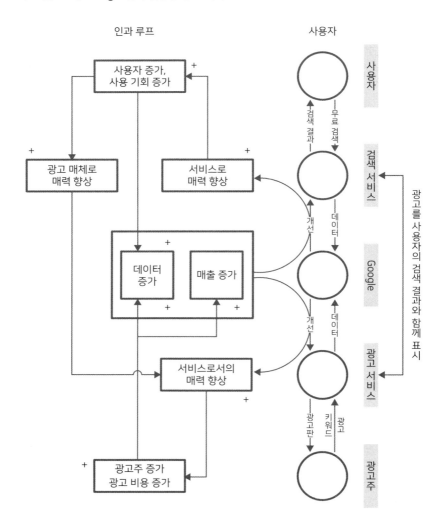

1장 •• 데이터를 지배하는 자가 비즈니스를 지배한다.

지금 정확하게 무슨 일이 일어나고 있는 것일까요?

적어도 데이터가 열쇠를 쥐는 시대가 도래했다는 것은 확실합니다. 최근 쉽게 들을 수 있는 가까운 미래형 키워드를 나열해보겠습니다.

- 인공지능(AI)
- 머신러닝(기계학습)
- IoT
- 디지털 트랜스포메이션(Digital transformation)
- 로보틱스
- X-Tech(Ad-Tech, HR-Tech 등)
- MaaS(Mobility as a Service, 서비스형 모빌리티)
- 스마트홈
- 커넥티드 인터스트리즈(Connected Industries)
- Society 5.0(초스마트 사회)
- 제5차 산업혁명

이러한 키워드의 의미는 생략하도록 하겠습니다. 그래도 이러한 키워드에 모두 공통되는 것이 있습니다. 바로 "데이터가 열쇠를 쥐고 있다"라는 것입니다.

| 그림 1-2 | 일본의 데이터 유통량(브로드밴드 서비스 계약자의 총 트래픽)

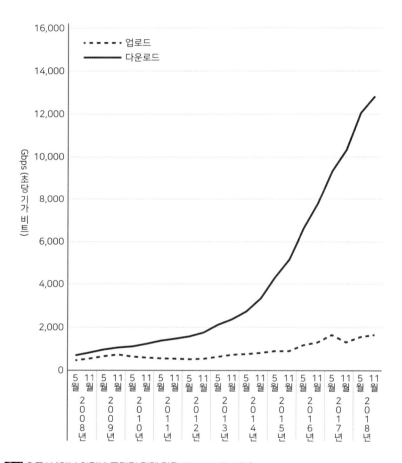

출처 총무성 "일본 인터넷 트래픽 집계 결과(2018년 11월 시점)"

1장 •• 데이터를 지배하는 자가 비즈니스를 지배한다.

2012년 정도부터 빅데이터라는 용어가 널리 사용되었습니다. 빅데이터는 데이터 양의 증가, 그 데이터가 발생하는 속도의 증가, 그리고 데이터 종류의 다양화가 진행되고 있다는 의미입니다. 빅데이터 시대에는 데이터가 대량으로 축적될 뿐만 아니라, 그 데이터가 유통되는 속도도 극단적으로 빨라졌습니다(**그림 1-2**).

이때의 데이터는 엑셀로도 쉽게 다룰 수 있는 숫자 데이터뿐만 아니라, 텍스트, 이미지, 오디오 등 그대로는 계산에 활용할 수 없는 데이터도 포함됩니다. 많은 사람들이 데이터라는 말을 들으면 "숫자의 나열"이라는 이미지를 떠올립니다. 숫자의 나열로 보이지 않는 동영상, 이미지, 오디오 등의 아날로그 데이터도 컴퓨터 내부에서는 모두 디지털화 등의 처리를 거쳐서 숫자의 나열로 변환됩니다(**그림 1-3**).

하지만 이런 데이터를 발생시키는 것만으로는 가치가 발생하지 않습니다. 그냥 단순하게 데이터가 쌓일 뿐입니다. 데이터는 활용을 하기 시작해야 가치가 발생합니다. 따라서 "데이터를 어떻게 활용해서 가치를 발생시킬 것인가?"라는 것은 사람이 직접 생각해내야 합니다. 데이터가 알아서 자신이 활약할 수 있는 곳을 찾아서 움직이는 것은 아니므로, 데이터가 활약할 수 있는 곳을 누군가가 생각해줘야 합니다(**그림 1-4**).

| 그림 1-3 | 이미지와 오디오 모두 숫자의 나열로 표현됩니다.

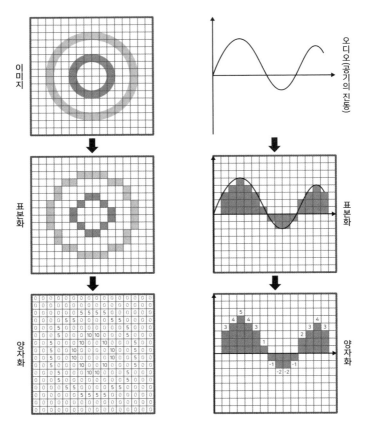

❀ 표본화(샘플링)는 연속적인 신호(아날로그)를 이산 신호(수치화된 신호)로 변환할 수 있게 표본을 추출하는 것을 의미합니다.

❀ 양자화는 표본화로 얻은 결과를 이산값으로 변환(예: 정수)하는 처리를 의미합니다.

데이터와 비즈니스를 연결하는 다리, "데이터 과학"

데이터 과학이라는 말을 들었을 때 어떤 느낌을 받았나요?

글자 그대로 보면 "데이터"와 "과학"이 결합된 것이므로, "데이터를 갖고 과학적인 무언가를 하는 것"이라는 느낌을 받았을 수도있습니다. "데이터를 기반으로 새로운 지식을 찾아내는 학문"이라고 생각하는 사람도 보았습니다. 데이터 과학은 사람, 분야, 상황에 따라서 달라질 수 있습니다. 예를 들어서 대학과 연구 기관에서는 이런 느낌으로 데이터 과학을 활용하기도 합니다. 하지만 비즈니스 세계에서는 조금 다릅니다. 비즈니스에서는 응용과 성과(수익성과 이익 등)가 중요합니다.

이 책을 보는 분들이 대부분 비즈니스 관점에서 데이터 과학에 접근할 것이므로 미리 데이터 과학이 무엇인지 정리해보면, "데이터와 도메인(데이터를 활용하는 영역)을 결합해서 성과를 내는 것"이 데이터 과학입니다. 조금 더 자세하게 설명해보면 "데이터를 기반으로 컴퓨터 과학 또는 통계학 등으로 도메인에서 활용할 수 있는 유익한 지식을 도출해내고, 이를 도메인에 실제로 사용하는 접근 방법"이라고 할 수 있습니다.

데이터 과학은 "데이터와 도메인을 이어서 성과를 내기 위한 필요 조건"입니다. 데이터와 도메인을 이을 때 데이터 과학만으로는 성과를 낼 수 없습니다. 하지만 마찬가지로 데이터 과학이 없으면 성과를 만들어낼 수 없습니다.

"데이터 과학이 효과가 있다"라는 것은 "데이터 과학 기술을 사용해서 유익한 지식을 이끌어내고, 이끌어낸 지식을 도메인에 응용해서 매출을 늘리고 비용을 줄이고, 이익율을 향상시킨다와 같은 비즈니스 성과를 낸다"라는 것입니다. 따라서 데이터 과학은 데이터와 도메인을 연결시켜서 성과를 내기 위한 필요 조건이지만, 충분 조건은 아닙니다.

따라서 "데이터와 도메인을 이어서 성과를 내는 것이 데이터 과학이다"라는 설명은 지나친 표현이지만, 간단하게 설명할 수는 있게 데이터 과학을 이와 같은 정의로서 사용하겠습니다.

지금까지 여러 번 "도메인"이라는 키워드가 나왔습니다. 데이터 과학 영역에서 "도메인"이란, "데이터를 활용하는 영역"이라는 의미입니다. 예를 들어서 영업 활동, 마케팅 활동, 조달 관리, 재고 관리, 생산 활동 등이 있습니다(그림 1-5).

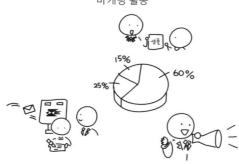

참고로 영업 활동이라고 해도, 제조업의 영업 활동과 서비스업의 영업 활동이 크게 다르다면, 각각 다른 도메인으로 취급해야 합니다. 도메인이라는 용어는 데이터 과학 이외의 다른 영역에서도 많이 사용됩니다. 다른 의미로 사용되는 경우가 많으므로 주의해주세요. 예를 들어서 도메인은 다음과 같은 의미로도 사용됩니다.

- 인터넷 세계에서는 네트워크 내부에서 개별적인 컴퓨터를 식별하기 위한 이름을 의미합니다.

- 생물학에서는 생물 분류 체계의 가장 위에 있는 계급입니다 (domain 또는 superkingdom).

- 수학에서는 함수 정의역을 도메인이라고 부릅니다(domain of definition).

- 경영학에서는 사업 영역을 도메인이라고 부릅니다.

그럼 데이터 과학의 도메인과 가까운 것은 어떤 도메인일까요? 아마 경영학의 도메인과 비슷할 것입니다. 그래서 자주 많은 사람들이 혼동합니다.

예를 들어서 경영학에서는 IT 사업, 전자 부분 사업, 자동차 사업, 물류 사업, 교육 사업, 돌봄 사업, 헬스 케어 사업 등이 사업 영역이며, 이를 도메인이라고 부릅니다.

데이터 과학을 시작한 기업에서 자주 실수하는 내용은 이러한 도메인(사업 영역)을 기준으로 데이터 과학을 적용하려 한다는 것입니다.

예를 들어서 어떤 제조업 전자 부품 사업이 있다고 합시다. "전자 부품 사업에서 데이터 과학을 적용해보자!"라고 말한다면, 무엇을 하라는 것인지 확실하게 떠올릴 수 있는 사람이 많지 않을 것입니다. 또한 떠올린다고 해도, 사람에 따라 생각한 내용이 제각각일 것입니다.

데이터 과학의 적용 대상을 원자재와 부품 등의 "조달"로 생각한 사람도 있을 것이고, 전자 제품의 "수율(제조 수 대비 양품의 비율)"로 생각한 사람도 있을 것입니다.

또한 전자 제품의 "영업 활동"을 생각하는 사람도 있을 것이고, "재고 관리"를 생각하는 사람도 있을 것입니다(그림 1-6).

| 그림 1-6 | 경영학의 도메인과 데이터 과학의 도메인을 혼동할 때 발생하는 문제

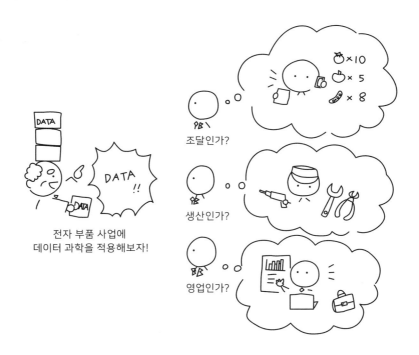

1장 •• 데이터를 지배하는 자가 비즈니스를 지배한다.

사업 영역이라는 의미로서의 도메인을 데이터 과학의 도메인과 같게 취급하기에는 범위가 너무 넓고 구체적이지 않습니다. 도메인을 구체적으로 설정하지 않으면, 여러 혼란이 올 수 있습니다. 애매한 표현은 그 누구도 움직일 수 없습니다. 조금 더 구체적으로 정의한다면 다음과 같습니다.

- 상품A의 생산 공정B의 수율 개선하기
- 연간 거래 금액이 크고, 기간이 긴 고객의 이탈 막기
- 국가 간 거점 별로 운송 비용 줄이기
- 신규 고객 확보를 위한 영업 활동을 효율화하기

데이터 과학이란 "데이터와 도메인 사이에 다리를 만드는 것"이라고 할 수 있습니다. 다리이므로 일단 양쪽 끝이 있어야 합니다(그림 1-7). 예를 들어서 도메인이 애매모호하면, 데이터가 아무리 많이 있더라고 다리를 만들 수 없습니다. 다리의 한쪽 끝이 구체적으로 어디인지 알 수 없기 때문입니다. 또한 데이터가 없는 경우에도 데이터 과학이라는 다리를 만들 수 없습니다. 이것도 마찬가지로 다리의 한쪽이 없기 때문입니다.

그런데 또 데이터가 있고 도메인을 명확하게 한다고 데이터 과학이 이루어지는 것은 아닙니다.

| 그림 1-7 | 데이터 과학이란 데이터와 도메인 사이에 다리를 만드는 것

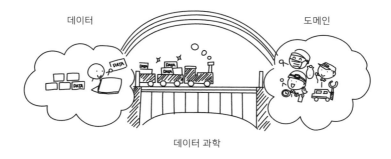

데이터 과학

데이터와 도메인이 있는 것만으로는 데이터 과학이라는 다리가 만들어지지 않습니다. 예를 들어서 데이터가 있고, 도메인도 명확한 상태에서 "시각화", "빅데이터", "플랫폼"이라는 키워드 아래에서 투자를 감행했는데, 충분한 비즈니스 성과가 이루어지지 않는 모습을 많이 볼 수 있습니다.

실제로 데이터 과학을 실행할 때 가장 큰 걸림돌이 되는 것은 데이터와 도메인보다, 이를 잇는 데이터 과학이라는 다리를 만드는 것 자체입니다. 데이터가 있고 도메인이 명확해도, 데이터 과학이라는 다리를 만들지 못하면 어떠한 가치도 만들어내지 못합니다.

반대로 데이터 과학이라는 다리를 어떻게 만들어야 좋을지가 보인다면, 어떤 데이터가 필요한지를 쉽게 알 수 있고 활용할 때 요구되는 플랫폼 등의 데이터 활용 기반도 알 수 있습니다.

주목받고 있는
"데이터 과학자"라는 직업

이전에 언급했던 것처럼 비즈니스 세계에서의 데이터 과학이란 "데이터와 도메인을 연결하는 것", "데이터와 도메인 사이에 다리를 만드는 것"입니다. 문제는 "누가 이러한 다리를 생각하고 만드는가?" 입니다. 이러한 데이터 과학이라는 다리를 생각하고 만드는 사람이 바로 데이터 과학자입니다. 따라서 데이터 과학자에 대한 기대는 데이터와 도메인을 연결하는 요구가 높아지면 높아질수록 커집니다(**그림 1-8**).

그럼 데이터 과학자는 대체 어떤 사람일까요? 데이터 과학자의 정의와 필요한 기술들에 대해서 살펴봅시다. 일단 데이터 과학자의 정의입니다. 정의에 대해서 말이 많은 편인데, 필자가 생각하기에는 데이터 분석 소프트웨어를 개발하는 'SAS 인스티튜트'라는 회사의 정의가 실제 현실과 가장 맞습니다.

| 그림 1-8 | 데이터와 도메인 사이에 다리를 연결하는 사람이 데이터 과학자

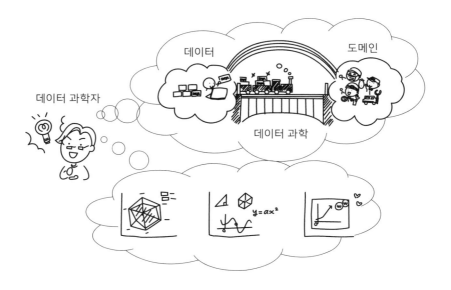

SAS에서는 "데이터 과학자란 다양한 의사 결정 상황에서 데이터를 기반으로 합리적인 판단을 할 수 있게 의사 결정자를 지원하는 사람"이라고 정의하고 있습니다. 정리하면 "현장(예: 영업 현장, 생산 현장, 경영 현장 등)에서 합리적인 판단을 할 수 있게 데이터를 활용해 지원하는 사람"이라는 것입니다.

참고로 현장에 있는 것이 '사람'만은 아닙니다. '사람' 이외의 존재도 의사를 결정할 수 있습니다. 예를 들어서 컴퓨터일수도 있고, 최근 유행하는 AI일수도 있습니다. 예를 들어서 가정용 에어컨을 생각해봅시다. 대부분의 에어컨은 설정한 온도에 맞게 온도를 유지하는 제어 기능이 탑재되어 있습니다. 이러한 경우에서 판단을 하고 있는 것은 "사람"이 아니라 "컴퓨터"입니다. 의사 결정자를 AI로 생각하면, AI가 합리적인 판단을 할 수 있게 데이터를 활용해 지원하는 사람도 데이터 과학자인 것입니다.

이어서 데이터 과학자가 필요한 기술에 대해서 살펴봅시다. 일반적으로 데이터 과학자는 다음과 같은 3가지 기술이 필요하다고 이야기합니다.

- **데이터 과학**
- **데이터 엔지니어링**
- **비즈니스에 대한 이해**

그림으로 자세하게 설명해본다면, **그림 1-9**와 같습니다.

데이터 과학자의 정의를 조금 더 자세하게 해보면 "비즈니스 세계의 데이터 과학자는 '데이터 과학', '데이터 엔지니어링', '비즈니스에 대한 이해'라는 기술을 사용해서 데이터와 도메인을 연결하고, 이를 통해 합리적인 판단을 내릴 수 있게 현장의 의사 결정자를 지원하는 직업"이라고 할 수 있습니다.

1-3 주목받고 있는 "데이터 과학자"라는 직업

| 그림 1-9 | 데이터 과학에게 필요한 3가지 기술

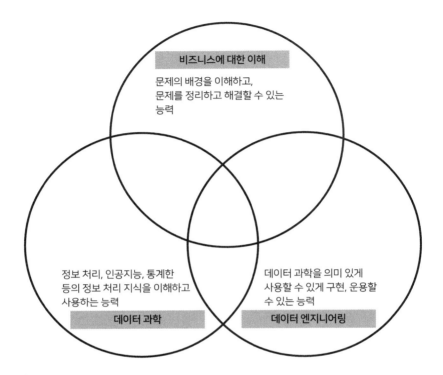

데이터 과학자도 여러 가지 종류가 있습니다.

- 데이터 애널리스트 계열의 데이터 과학자
- 머신러닝 계열의 데이터 과학자
- BI(비즈니스 인텔리전스) 계열의 데이터 과학자

명확하게 구분되어 있는 것은 아닙니다. 혼자서 모두 할 수도 있고, 여러 명이 협력할 수도 있습니다. 또한 다른 직종으로 나누어져 있는 경우도 있습니다. 예를 들어 머신러닝 계열의 데이터 과학자의 일부는 "AI/머신러닝 엔지니어"라는 직종으로 구분되어 있습니다. 이외에도 여러 계통이 존재할 수도 있고, 앞으로 더 늘어날 수도 있습니다.

데이터 엔지니어와
데이터 과학자

데이터 과학자와 마찬가지로 데이터를 다루는 직업이 있습니다. 그 중에서 데이터 과학자와 가장 많이 혼동되는 것은 데이터 엔지니어일 것입니다.

데이터 과학과 머신러닝 등의 컴퓨터 공학 서적을 다양하게 출판하고 있는 O'Reilly(오라일리) 출판사의 블로그에 "Data engineers vs. data scientists(Jesse Anderson) 2018/4/11"이라는 글이 올라온 적이 있습니다. 이 글은 두 직업을 굉장히 알기 쉽게 구분해서 설명합니다.

일반적으로 데이터 과학자는 데이터 엔지니어보다 수학적 소양과 고급 분석 기술을 필요로 합니다. 그리고 데이터 엔지니어는 고급 프로그래밍 기술을 활용하는 빅데이터 처리 능력을 필요로 합니다. 공통점이라면 프로그래밍 기술입니다.

이러한 설명은 일단 어디까지나 데이터 과학자와 데이터 엔지니어를 비교하기 위한 것입니다. 기본적으로 이러한 기술 이외에도 다양한 기술이 필요합니다.

추가로 이 글에는 "AI/머신러닝 엔지니어"도 등장하는데, 이에 대해서 데이터 과학자와 데이터 엔지니어의 중간 위치 정도라고 설명하겠습니다.

세계 최대의 컴퓨터 네트워크 장비 개발 회사인 Cisco의 사이트에는 "Data Scientist or Data Engineer? Think Rock Star and Roadie (Neeraj Chadha) 2016/11/15"라는 글이 있습니다. 이 글에는 데이터 과학자와 데이터 엔지니어가 어떤 형태로 협업하는지가 자세하게 적혀 있습니다.

이 글에서는 데이터 과학자는 록스타로, 데이터 엔지니어는 무대를 설치하고 무대 음향을 조정하는 뒤에서 지원하는 사람으로 묘사합니다(그림 1-10). "데이터 과학자는 데이터 엔지니어 없이는 빛나지 않는다"라고도 적혀 있습니다. 데이터 엔지니어는 수집한 데이터를 기반으로 빅 데이터 기술을 활용해서, 데이터 과학자가 다루기 쉬운 형태로 데이터를 변환해서 제공합니다. 이렇게 제공된 데이터를 집계, 시각화, 분석, 예측 모델 구성해서 비즈니스와 연결시키는 것이 데이터 과학자입니다(그림 1-11).

1-4 데이터 엔지니어와 데이터 과학자

| 그림 1-10 | 데이터 과학자와 데이터 엔지니어의 협력 관계

그렇다면 데이터 엔지니어는 어느 정도의 인원이 필요할까요?

이전에 언급했던 O'Reilly 사이트의 "Data engineers vs. data scientists(Jesse Anderson) 2018/4/11"에는 한 명의 데이터 과학자를 지탱하기 위해서는 여러 명의 데이터 엔지니어가 필요하다는 설명이 있습니다.

| 그림 1-11 | 데이터 과학자와 데이터 엔지니어의 협업 → 가치 발생

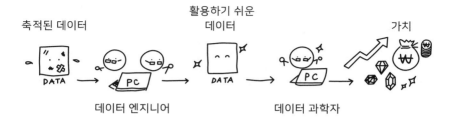

그리고 시작하는 시점에서는 "데이터 과학자 1명당 2~3명의 데이터 엔지니어", 보다 복잡한 데이터 처리가 필요해지는 단계에서는 "데이터 과학자 1명당 4~5명의 데이터 엔지니어"가 필요하다고 합니다.

세부적인 인원 수는 상황에 따라서 달라질 수 있지만, 비즈니스 세계에서 데이터 과학자로 성과를 내고 싶다면, 데이터 과학자뿐만 아니라 적어도 1명 이상의 데이터 엔지니어가 필요합니다. 그리고 기본적으로 데이터 과학자보다 더 많은 수의 데이터 엔지니어가 필요합니다.

"좋았어! 우리 회사도 디지털 포메이션이다!"
"빅 데이터다! 데이터 과학이다! AI다!"

이런 외침은 데이터 과학자가 있다고 되는 문제가 아닙니다. 데이터 과학자를 지원하기 위한 다른 인재가 없기 때문입니다. 데이터 엔지니어가 없다면, 데이터 과학자가 데이터 엔지니어의 일까지 해야 합니다. 이는 업무 부담이 상당히 많습니다.

그렇다면 데이터 엔지니어가 있으면 될까요?

하지만 실제로 데이터 엔지니어만 있는 경우에도 일이 제대로 이루어지지 않습니다. 데이터 과학자와 협력해서 데이터 과학이라는 결과를 얻기 위해 필요한 인재는 데이터 이외에도 많기 때문입니다.

1-5

데이터 과학을 위해
필요한 인재

비즈니스 세계에서 데이터 과학을 적용하려면, 당연하지만 일단 데이터 과학자가 필요합니다. 하지만 데이터 과학자가 있다고, 데이터 과학을 적용할 수 있는 것은 아닙니다.

정말 굉장한 능력을 가진 데이터 과학자가 있다면 어떻게 가능할 수는 있겠지만, 일반적인 데이터 과학자 혼자서 데이터 과학을 비즈니스에 적용하는 것은 불가능합니다.

데이터 과학 적용에 실패하는 패턴으로는 회사 외부에서 데이터 과학자만 모으거나, 사내에서 데이터 과학만을 교육하는 프로그램을 만들거나, 데이터 과학자만으로 구성된 조직을 만드는 패턴이 있습니다.

가장 최악이라고 할 수 있는 것은 "외톨이 데이터 과학자" 패턴입니다. 주변의 동료들이 데이터 과학에 대한 이해가 없는 고독한 외톨이 상태의 데이터 과학자라는 의미입니다.

"그럼 데이터 과학자가 외톨이가 되지 않게, 여러 명 있으면 되겠구나"라고 생각할 수도 있지만, 그런 의미가 아닙니다. 조직 내부에서 데이터 과학자가 고립되어 있으면, 여러 명이 있더라도 "외톨이 상태"로서 상황이 동일합니다.

| 그림 1-12 | 외톨이 데이터 과학자

그럼 추가로 어떤 인재가 필요한 것일까요? 데이터 과학자에게 필요한 능력들을 생각해봅시다.

데이터 과학자에게 필요한 능력은 이전에 언급했던 것처럼 "데이터 과학", "데이터 엔지니어링", "비즈니스에 대한 이해"입니다. 하지만 이러한 3가지 능력을 모두 잘 활용할 수 있는 데이터 과학자는 거의 없습니다.

대부분의 데이터 과학자는 "데이터 과학"이라는 능력과 함께 추가로 하나 정도의 능력을 더 갖고 있는 정도입니다. 예를 들어서 "비즈니스에 대한 이해가 높은 데이터 과학자"와 "엔지니어링 능력이 높은 데이터 과학자"와 같은 느낌입니다.

이러한 경우에는 고급 데이터 엔지니어링 기술을 갖고 있는 데이터 엔지니어와 비즈니스에 대한 높은 이해를 갖고 있는 비즈니스맨이 함께 필요합니다.

비즈니스 세계에서 "데이터와 도메인을 연결하는 것"이 데이터 과학자입니다. 이전에 언급했지만, 도메인은 데이터 과학을 활용하는 현장을 의미합니다.

여기에서 현장이란 경영의 현장일수도 있고, 영업의 현장일수도 있고, 생산의 현장일 수도 있습니다. 또한 소비자 관점에서는 점포와 EC(Electronic Commerce, 전자 상거래) 사이트 등이 물건 구매 행동의 현장이 되기도 합니다.

일반적으로 도메인에 대한 풍부한 지식을 가진 인재는 다행히도 회사 내부에 있습니다. 하지만 풍부한 도메인 지식을 가진 사람이 모두 데이터 과학을 알고 이해하는 것은 아닙니다. 따라서 데이터 과학자와 풍부한 도메인 지식을 가진 사람 사이를 연결할 수 있는 비즈니스맨이 필요합니다(**그림 1-13**).

| 그림 1-13 | 도메인을 연결하는 비즈니스맨의 필요성

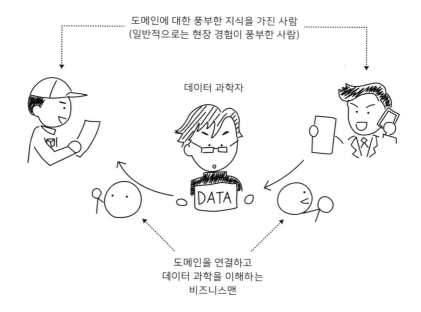

이러한 비즈니스맨은 어디 있을까요?

일반적으로는 회사 내부에서 따로 육성하게 됩니다. 대부분의 경우 해당 도메인에 속해 있던 사람에게 데이터 과학에 대한 지식을 알려주어 육성합니다. 데이터 과학자 자체를 육성하는 것은 아니므로, 그렇게 어려운 일은 아닙니다.

물론 사람에 따라서는 데이터 과학에 대한 지식을 익히고, 결과적으로 데이터 과학자가 되어버리는 사람도 있습니다.

하지만 이러한 인재가 있다고 충분한 것은 아닙니다. "비즈니스에 대한 이해"에서 필요한 인재가 있습니다.

바로 사내 정치력을 가진 사람입니다. 동아시아의 대기업일수록 필요한 인재입니다. 즉 경영진 등의 최고 경영층, 해당 부서에서 힘을 갖고 있는 관리직과 관계가 원만한 비즈니스맨이 필요합니다. 조금 이상한 이야기처럼 느낄 수도 있겠지만, 이 이상한 이야기에 해당하는 사람이 없다면 데이터 과학이 제대로 진행되지 않는 경우가 많습니다(그림 1-14).

데이터 과학을 할 때, 기존의 IT 시스템과 클라우드로 구축한 수학 모델을 활용하는 경우가 있습니다. 이를 위해서는 별도의 IT 전문가가 필요할 수도 있습니다. 데이터 과학자가 이러한 지식을 갖고 있지 않다면, 이 사이를 이어줄 수 있는 비즈니스맨이 필요합니다.

| 그림 1-14 | 사내 정치력이 있는 비즈니스맨의 필요성

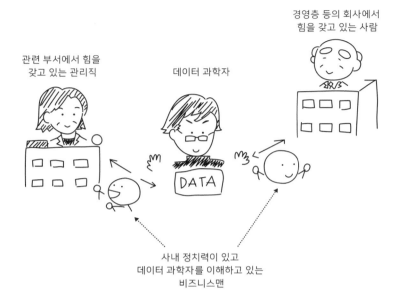

경영층 등의 회사에서
힘을 갖고 있는 사람

관련 부서에서 힘을
갖고 있는 관리직

데이터 과학자

사내 정치력이 있고
데이터 과학자를 이해하고 있는
비즈니스맨

지금까지의 내용을 정리하면, 데이터 과학을 할 때 필요한 최소한의 인재는 다음과 같습니다.

- **데이터 과학자**
- **데이터 엔지니어**
- **도메인을 연결할 수 있고 데이터 과학에 대한 이해를 가진 "비즈니스맨"**

- 사내 정치력을 갖고 데이터 과학에 대한 이해를 가진 "비즈니스맨"

- 사내 IT 전문가와 소통할 수 있으며 데이터 과학에 대한 이해를 가진 "비즈니스맨"

각각의 인재가 1명씩 필요하다는 것이 아니므로 주의해주세요.

일반적으로 데이터 과학자보다 데이터 엔지니어가 많고, 그만큼의 "도메인을 연결할 수 있고 데이터 과학에 대한 이해를 가진 비즈니스맨"이 필요합니다.

또한 사람에 따라서는 혼자서 여러 역할을 할 수 있는 경우도 있을 것입니다.

이 이외에 필요한 인재가 있을 수도 있지만, 일단 적어도 이러한 5가지 종류의 인재가 필요합니다. 그래서 데이터 과학자를 모으거나 육성하는 것만큼, 이를 지탱할 수 있는 인재를 모아서 육성할 수 있어야 합니다. 데이터 과학 교육보다는 데이터 문해력[3]과 같은 교육을 진행하면 됩니다.

• • •

3   역주: 데이터 문해력(Date Literacy)은 데이터를 목적에 맞게 활용하는 역량을 의미합니다. 데이터 해석 능력이라고 표현하기도 합니다.

2장

데이터
과학이라는
무기

2-1

데이터 과학의
효과와 효능

데이터 과학이라는 말을 들으면 엄청난 기적을 일으키는 무언가라고 착각하는 사람도 많습니다. 예를 들어서 지금까지 깨닫지 못했던 거대한 발견이나, 못하던 것이 갑자기 되거나, 성장을 위한 전략이 딱 하고 만들어진다고 생각하는 경우가 있습니다.

이러한 기대가 최근에는 더 커져서, 디지털 트랜스포메이션, 디지털 매뉴팩처링, 데이터 이코노미, 게임 체인저 등의 용어로 표현되기도 합니다. 마치 제갈량과 같은 천재 군사가 나타나서 엄청난 기적을 일으키는 것이라고 생각하는 것처럼 보입니다. 하지만 데이터 과학은 마법의 지팡이가 아니고, 데이터 과학자도 마법사가 아닙니다(**그림 2-1**).

| 그림 2-1 | 굉장한 기적을 생각하는 모습

| 그림 2-2 | 기적보다는 노력의 결과

돌다리도 두들겨보고
건너는 천재 군사 느낌의
데이터 과학자

New

돌다리

DATA
DATA
DATA

2장 •• 데이터 과학이라는 무기

세계적인 병법서 "손자병법"이 있습니다. 기원전 중국 춘추 시대의 무장이었던 손무가 집필한 책입니다. "손자병법"에는 기적을 일으킬 수 있는 방법이라도 적혀있는 것일까요? 그리고 "손자병법"의 병법을 응용하면, 기적을 일으킬 수 있는 것일까요?

손자병법을 읽어보면 알 수 있겠지만, 기적보다는 현실적인 내용들로 가득합니다. 기적과는 완전히 반대의 내용이라고 할 수 있습니다. 정보를 기반으로 돌다리도 두드려보고 건너라는 내용들입니다(**그림 2-2**).

데이터도 일종의 정보입니다. 필자는 데이터를 "기록된 정보"라고 자주 설명합니다. 데이터를 정보로 생각하면, 그 활용은 기원전까지 올라간다는 것을 알 수 있습니다. 정보를 기반으로 합리적인 판단 방법을 설명했던 "손자병법"은 데이터를 활용할 때 지혜를 알려줍니다. 그래서 필자는 데이터 과학을 할 때의 필독서 중 하나로 "손자병법" 꼽습니다.

실제로 읽어보면 데이터 과학을 실제로 할 때의 요점들이 굉장히 많이 언급됩니다. 필자는 그렇게 느꼈습니다. 물론 "손자병법"을 넘어선 무언가가 있을 수도 있습니다.

| 그림 2-3 | 0 → 1 → 10

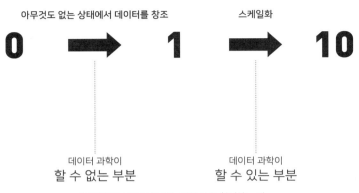

아무것도 없는 상태에서 데이터를 창조   스케일화

0 ➡ **1** ➡ **10**

데이터 과학이
할 수 없는 부분

데이터 과학이
할 수 있는 부분

※ 케일화: 사업 규모 또는 이익 등을 확대하는 것

예를 들어서 데이터 과학도 돌다리를 두들기고 건너는 것처럼 매우 조심스럽게 이루어집니다.

이와 같은 데이터 과학은 할 수 있는 부분과 할 수 없는 부분이 있습니다.

비즈니스 세계에서는 아무것도 없는 상태에서 새로운 것을 창조하는 "0 → 1", 이미 무언가 있는 것을 확대하는 "1 → 10"이라는 2가지 방식이 존재합니다. 데이터 과학이 할 수 있는 부분은 어떤 부분일까요? 데이터 과학이 할 수 있는 것은 "1 → 10"입니다.

데이터 과학은 이미 무언가 있는 것을 기반으로 효율화하고, 규모를 확대하는 것에 굉장히 특화되어 있습니다(**그림 2-3**). 그리고 돌다리도 두들기는 것처럼 확실하게, 하지만 굉장히 빠르게 이루어집니다.

왜일까요? 데이터 과학은 데이터가 있음을 전제로 합니다. "0 → 1"에 비해서 "1 → 10"의 단계 때에 더 많은 데이터가 발생할 가능성이 높습니다. 물론 "데이터가 계속해서 축적되고 있다"라는 전제가 있어야 합니다. 아쉽게도 발생한 데이터를 축적하지 않고, 계속해서 파기하거나 덮어써서 과거의 데이터를 소실하는 기업들이 굉장히 많습니다. 안타까운 일입니다.

데이터가 있다면 낭비를 줄여서 효율화하고, 새로운 매출을 만들거나, 리스크(위험)를 조절해서 안정화시킬 수 있습니다. 이후에는 이러한 것들의 속도와 정밀도를 높일 수 있게, 계속해서 발생하는 데이터를 기반으로 수학 모델을 학습시켜서 성장하게 만들 수 있습니다(**그림 2-4**).

하지만 "0 → 1" 단계에서 얻을 수 있는 데이터는 그렇게 많지 않습니다. 엄밀하게 "0"의 상태는 데이터가 아예 없다는 것을 의미합니다. 아무것도 없는 "무의 상태"에서는 이를 기반으로 새로운 데이터를 만들 수 없습니다.

사실 필자는 아무것도 없는 상태에서 새로운 것을 창조하는 "0 → 1"은 데이터 과학에서는 불가능하다고 생각합니다. 물론 미래에 기술적 특이점(인공지능이 인류의 지능을 넘어서는 전환점이나 또는 그것이 가져오는 세계의 변화)이 발생하면, 사람의 도움 없이 "0 → 1"을 만들어내는

AI가 탄생할 수도 있습니다. 하지만 아직 현재는 데이터와 사람의 발상력이 함께 협업해야 합니다. 그리고 이때도 사람에게 의존하는 요소가 굉장히 많습니다(**그림 2-5**).

| 그림 2-4 | 1→10을 지탱하는 데이터 과학

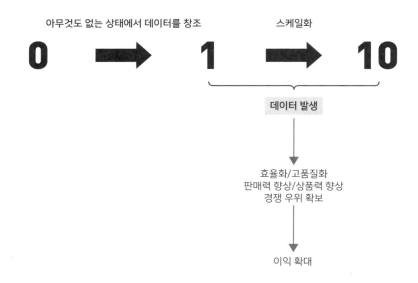

2장 •• 데이터 과학이라는 무기

| 그림 2-5 | 데이터와 사람의 협업

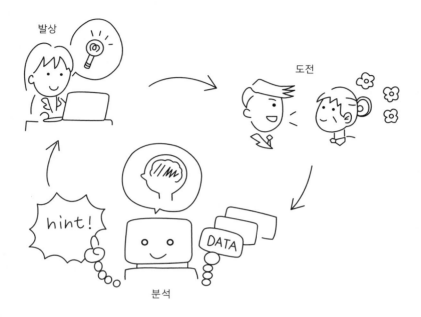

예를 들어 GAFA가 데이터를 잘 활용해서 성장을 이어나가고 있는 것은 잘 알려져 있습니다. 하지만 그것만으로 성장하고 있는 것은 아닙니다. "0 → 1"의 단계에서 비즈니스 아이디어와 이를 실현하기까지의 과정은 사람에게 크게 의존해서 진행했을 것입니다. "데이터가 없으면 아무것도 할 수 없는 것이 데이터 과학"입니다.

예를 들어서 Amazon의 EC 사이트 추천 결과("이 상품을 본 사람은 이러한 상품도 보았습니다" 또는 "이 상품을 구매한 사람은 이러한 상품도 구매했습니다" 등)을 보면 이해하기 쉽습니다.

새로 출시된 상품 페이지를 보면, 추천이 제대로 이루어지지 않습니다. 하지만 조금씩 시간이 지나면 점점 구매 데이터가 축적되며, 여러 상품 추천이 이루어집니다. 이를 통해 알 수 있는 것처럼 데이터 과학은 데이터가 쌓이면, 효율화와 수익 확대에 도움을 줍니다.

이 과정에서 "행복과 수익 확대 연쇄 반응(고객, 경영자, 직원 모두가 행복해지는 상태)"를 만들 수 있는지가 데이터 과학의 성공 열쇠가 됩니다.

추천의 정밀도가 올라가면 올라갈수록, EC 사이트의 사용자와 사업자인 Amazon 모두 행복하게 됩니다. 사용자에게 있어서도 상관없는 것들이 추천되는 것보다는 센스 있게 추천을 받는 것이 더 행복합니다. 행복해지면 사용자는 해당 서비스를 다시 사용할 것입니다. 이처럼 계속해서 사용하면, 이용자 개인 데이터가 누적되어 추천 정밀도가 올라갑니다. 그리고 이에 따른 수익도 점점 늘어날 것입니다.

이것이 바로 행복과 수익 확대의 연쇄 반응이라고 할 수 있습니다 (그림 2-6).

따라서 "1 → 10"의 단계에서 데이터 과학을 크게 활용하는 것이 좋습니다. 하지만 약간의 문제가 있습니다. 바로 데이터 과학에서 "테마 선택" 문제입니다. 좋지 않은 테마를 선택하면 좋을 것이 없습니다. 고생만 많이 하고, 얻는 것이 적기 때문입니다.

| 그림 2-6 | 데이터 과학을 활용한 "행복과 수익 확대 연쇄 반응"의 가속

행복과 수익 확대의 연쇄 반응

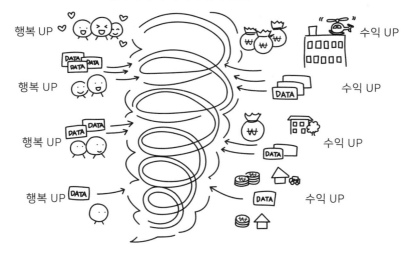

데이터 과학
구상화하기

데이터 과학은 "목적을 명확하게 한다"라는 것이 굉장히 중요하다고 알려져 있습니다. 사실 데이터 과학뿐만 아니라, 모든 일에는 목적을 명확하게 하는 것이 중요합니다. 하지만 목적을 명확하게 하더라도, 데이터 과학에서 실패하는 경우가 많습니다. 여기에서 성공이라는 것은 "실제 현장에서 활용되어 어떤 성과(예: 매출 상승, 비용 절감, 수율 개선, 사이클 타임 단축 등)를 만들어 내는 것"을 의미합니다.

그럼 어째서 목적을 명확하게 하더라도, 데이터 과학이 실패하는 경우가 발생하는 것일까요? "승리에는 우연적인 승리가 있지만, 패배에는 우연적인 패배가 없다"라는 말이 있습니다. 이러한 일은 데이터 과학에서도 발생합니다.

실패가 있을 때는 어떤 공통점이 있습니다.

바로 "활용 스토리가 명확하지 않다"라는 것입니다. 필자의 경험으로는 목적이 명확하더라도, 활용 스토리가 명확하지 않으면 데이터 과학이 효과적으로 작동하지 않습니다.

예를 들어서 고객 이탈 분석(Churn 분석)을 생각해봅시다.

고객 이탈 분석이란 기존 고객과 거래를 지속하기 위한 데이터 분석입니다. 일반적으로 이탈 점수(Churn Score)를 계산하고, 이를 현장에 전달합니다. 이탈 점수가 높다면, 기존의 고객이 이탈하기 쉽다는 의미이므로, 어떤 대책을 세워야 합니다.

그런데 일반적으로 이러한 상황에 "활용 목적이 명확하므로, 현장에 이탈 점수를 곧바로 전해주면 되겠지!"라고 생각하는 경우가 많습니다. 하지만 이탈 점수를 어떻게 활용할지 제시하지 못한다면, 활용이 제대로 이루어지지 못합니다. 이탈 점수를 제공하는 방법, 시점, 부대 정보 등 활용을 위해서 생각해야 하는 것들이 굉장히 많습니다(그림 2-7).

실제로 활용 스토리가 없으면 "어떤 정보를 현장에 제공하면 좋을지?" 이를 위해서 "어떤 데이터를 분석하고, 어떤 수학 모델을 구축하면 좋을지?" 그리고 "어떤 데이터가 필요한지?"를 알 수 없습니다. 활용 스토리가 있다면, 이러한 점들이 명확하게 보입니다.

| 그림 2-7 | 활용 스토리가 명확하지 않으면, 현장에서 제대로 활용할 수 없다.

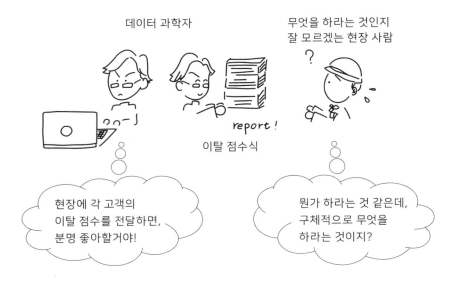

활용 스토리가 없는 상태에서 데이터 과학을 시행하려고 하면, 상상력만으로 데이터 분석과 수학 모델을 구축하게 됩니다. 또한 활용할지 안 할지가 현장에 맡겨집니다. 데이터 과학의 성공이 다른 사람에게 맡겨지게 되는 것입니다. 따라서 확실한 성과를 얻고 싶다면, 반드시 활용 스토리를 명확하게 해야 합니다. 당연하지만 이 과정에서 현장의 의견을 듣고, 현장과 토론을 해야 합니다.

데이터 과학을 잘 실천하고 싶다면, 일단 데이터 과학의 활용 목적을 명확하게 하고, 이어서 목적을 얻기 위한 "활용 스토리"(데이터 분석과 모델 구축 등)를 만드는 흐름으로 데이터 과학을 구상화하는 것이 좋습니다.

| 그림 2-8 | 데이터 과학 구상화 순서

활용 목적

활용 스토리

분석 스토리

그럼 "활용 스토리"라는 것은 자세하게 무엇일까요?

활용 스토리를 사람에 따라서는 "유스케이스(USE-CASE)", "업무 프로세스", "행동 프로세스"라고 부르기도 합니다. 모두 정확한 표현입니다. 가장 만들기 쉬운 것은 유스케이스입니다. 갑자기 자세한 스토리를 그리는 것은 어려우므로, 처음에는 대략적인 유스케이스부터 그리는 것이 좋습니다.

간단한 상황을 예로 들어보겠습니다(**그림 2-9**).

그림에서 중간이 데이터와 정보가 모이는 플랫폼과 데이터, 왼쪽이 데이터와 정보 등을 제공하는 쪽(데이터 과학 등) 오른쪽이 데이터와 정보 등을 활용하는 쪽을 의미합니다. 자주 있는 유스케이스입니다. 참고로 왼쪽과 오른쪽은 반대가 되어도 괜찮고, 위치 관계는 가로 방향이 아니라, 세로 방향 또는 대각선 방향으로 해도 괜찮습니다.

간단한 유스케이스이지만, 다음과 같은 사실을 명확하게 해야합니다.

2장 •• 데이터 과학이라는 무기

| 그림 2-9 | 자주 있는 유스케이스

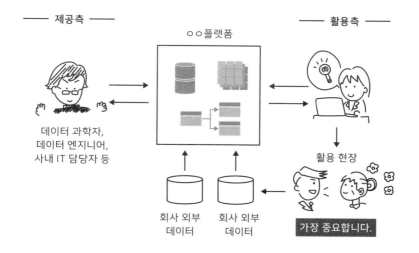

- **등장하는 플레이어**
- **플레이어 사이에서 주고받는 정보**
- **정보를 주고 받는 과정**
- **그 시점**
- **플레이어의 행동(업무 프로세스, 처음에는 간단하게 정의해도 충분합
  니다)**

활용 스토리에서 가장 중요한 것은 "'플레이어의 행동'이 어떻게 변
화하는가?"를 명확하게 하는 것입니다. 조금 어려운 표현으로

"Before(As-Is)와 After(To-Be)"를 명확하게 해야 합니다. 풀어서 설명하면, "현재에는 이러한 상태(As-Is = 현재 상태)이지만, 데이터 과학을 활용해서 이러한 상태(To-Be = 목적 상태)가 된다"를 명확히 해야 한다는 것입니다(그림 2-10).

이렇게 하지 않으면, 현장에서는 "어떻게 해야 하는가?"와 "현재와 무엇이 달라지는가?" 자체를 알 수 없습니다. 자주 볼 수 있는 안 좋은 형태는 "데이터 과학을 통해서 이러한 상태(To-Be = 목적 상태)가 될 수 있다"라는 것만 강요하는 것입니다.

어쨌거나 일단 이러한 형태의 것을 많이 만들어보는 것이 좋습니다. 여러 개의 후보를 만들고 이 중에서 "이거다!"라는 생각이 드는 것을 선택하고, 보다 구체화하면서 분석 스토리로 연결하면 됩니다.

|그림 2-10| 현장의 행동 변화

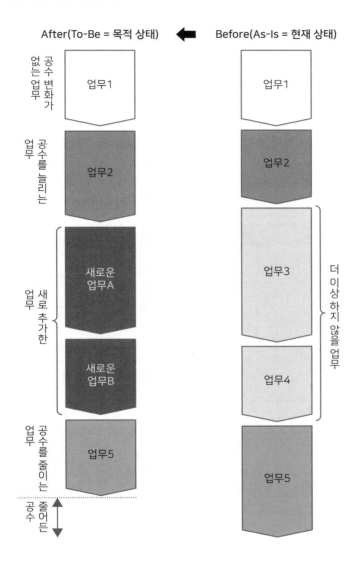

071

활용 스토리와 분석 스토리 연결을 생각할 때는 "데이터 사용과 활용 흐름"을 기반으로 생각하면 좋습니다(표 2-1).

이렇게 하면 결과적으로 여러 "활용 목적", "활용 스토리", "분석 스토리"의 조합이 만들어집니다. 이제 문제가 되는 부분은 "어떤 조합 (테마)을 선택할 것인가?"입니다. 이는 크게 두 가지 관점을 기준으로 평가해볼 수 있습니다.

| 표 2-1 | 데이터 활용의 흐름

데이터 사이클		활용 관계자		설명	
I	데이터 취득	1	데이터 발생원	자연, 조직, 개인 등의 행동과 현상에 따라서 데이터가 발생하는 곳	분석 스토리의 범위
		2	데이터를 생성하는 조직	의사를 갖고 활용할 목적으로 데이터를 발생시키는 조직	
II	데이터 교환·통신	3	데이터 취득을 매개하는 조직	센서 등으로 데이터를 발생시키는 것을 가능하게 하는 조직	
III	데이터 누적·빅데이터화	4	데이터를 관리하는 조직	생성된 데이터를 저장·관리하는 조직	
		5	데이터를 사용하는 조직	데이터를 구입 또는 사용 권한을 받은 조직	
IV	데이터 구현 (상품 반영)	6	데이터를 해석하는 조직	AI(인공지능) 등을 사용해서 데이터를 해석하는 조직	활용 스토리의 범위
V	데이터 분석	7	서비스를 제공하는 조직	데이터 해석 결과를 사용해 서비스를 제공하는 조직	
		8	서비스를 받는 개인 또는 조직	데이터 해석 결과를 사용해 만들어진 서비스를 받는 개인 또는 조직	

출처 "데이터 활용 촉진을 위한 기업의 경영 및 계약 실태 조사"(경제통상산업부)

(https://www.meti.go.jp/policy/economy/chizai/chiteki/pdf/28houkoku.)

2장 •• 데이터 과학이라는 무기

좋은 테마란 "활용 목적", "활용 스토리", "분석 스토리"가 명확한 "성과가 크며 쉬운 테마"입니다(**그림 2-11**).

우리는 종종 데이터 과학자가 어렵지만 성과를 크게 발생시킬 수 있는 도전적인 테마를 선택하는 경우를 볼 수 있습니다. 하지만 테마를 선택할 때는 쉬운 테마로 빠르고 확실하게 성과를 낼 수 있는 것을 선택하는 것이 좋습니다. 도전 자체도 중요하지만, 간단한 요령으로 성과를 좋게 만드는 것이 업무 관점에서는 더 중요합니다.

| 그림 2-11 | 좋은 테마

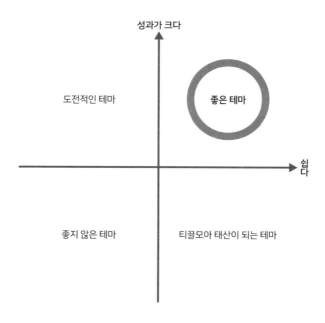

2-2 데이터 과학 구상화하기

데이터 과학 구동 프로세스 (PDCA×OODA×CRISP-DM)

좋은 테마를 결정한 것만으로는 성과를 낼 수 없습니다. 성과를 내기 위해서는 실제로 움직여야 합니다. 데이터 과학이라고 뭔가 마법처럼 그냥 이루어지는 것이 아닙니다. 기본적으로는 PDCA 관리 사이클(Plan-Do-Check-Act Management Cycle)을 돌리면서 관리해야 합니다.

현장에서는 OODA(Observe-Orient-Decide-Act) 루프에 따라서 움직이면 됩니다. 물론 현장 레벨에서 PDCA 사이클을 돌려도 큰 문제는 없습니다. 데이터 과학의 무기라고 할 수 있는 모델 등은 CRISP-DM(CRoss-Industry Standard Process for Data Mining) 프로세스에 따라 구축해나갑니다(그림 2-12).

그럼 간단하게 PDCA 사이클, OODA 루프, CRISP-DM에 대해서 설명하겠습니다. 참고로 "무조건 이래야 한다"라는 것은 아닙니다. 관리할 때 PDCA 사이클이 반드시 필요한 것도 아니고, 활용할 때

|그림 2-12| PDCA×OODA×CRISP-DM

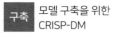 모델 구축을 위한
CRISP-DM

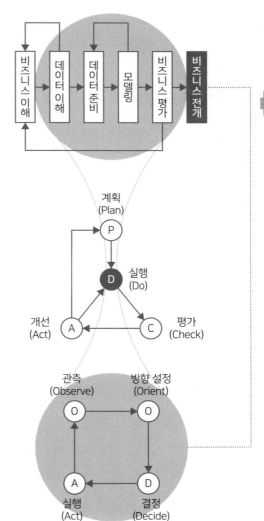

관리 전체를 관리하기 위한
PDCA 사이클

실무 현장에서 성과를 내기 위한
OODA 루프

OODA 루프가 반드시 필요한 것도 아니며, 모델을 구축할 때 CRISP-DM이 반드시 필요한 것도 아닙니다. 다른 방법을 사용해도 문제없습니다. 하지만 이러한 내용을 알고 있어도 손해는 없을 것입니다. 데이터 과학이 잘 이루어지지 않는 경우에는 좋은 참고가 될 것입니다. 이를 참고로 자신의 회사, 자신의 흐름에 맞게 잘 바꿔서 사용하면 좋습니다.

PDCA 사이클

PDCA 사이클이란 비즈니스 업계에서 잘 알려진 관리 사이클로서 다음과 같은 4가지로 구성됩니다(**그림 2-13**).

|그림 2-13| 전체를 관리하기 위한 PDCA 사이클

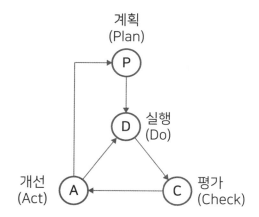

2장 •• 데이터 과학이라는 무기

- **P**(Plan: 계획)

- **D**(Do: 실행)

- **C**(Check: 평가)

- **A**(Act: 개선)

P에서 "계획", D에서 계획에 따라 "실행", 그 결과를 기반으로 C에서 "평가", 문제가 있는 경우에는 A에서 "개선"하는 형태입니다.

어떤 기업이라도 이와 같은 PDCA 사이클을 돌리고 있을 것입니다. 예를 들어 새해가 시작할 때 업무 계획을 만들고, 실행한 뒤, 연말에 이를 결산이라는 이름으로서 평가하는 것도 PDCA 사이클을 돌리는 것입니다.

비즈니스 관점에서 PDCA로 관리해야 하는 데이터 과학적 요소는 주로 다음과 같은 3가지입니다.

- **데이터 과학 전체의 진행 관리**(테마 결정, 진행, 성과 평가)

- **테마 별 모델 구축 관리**(CRISP-DM 관리)

- **테마 별 데이터 과학 활용 관리**(OODA 루프 관리)

OODA 루프

OODA 루프란 PDCA 사이클처럼 관리를 위한 매니지먼트 사이클이 아니라, 현장에서 성과를 내기 위한 루프입니다. 다음과 같은 4개로 구성됩니다.(**그림 2-14**)

- **O**(Observer: 관찰)
- **O**(Orient: 방향 설정)
- **D**(Decide: 결정)
- **A**(Act: 행동)

OODA 루프는 많은 사람들이 무의식적으로 이미 하고 있는 것들입니다. 예를 들어서 아침에 일어나서 신문 또는 텔레비전으로 일기예보를 확인하거나, 하늘을 보는 것이 바로 O(관찰, Observe)입니다. 이후에 우산을 가지고 갈지 생각하는 것이 O(방향 설정, Orient)입니다. O(관찰)와 O(방향 설정)의 큰 차이는 O(관찰)는 과거부터 현재까지의 일에 대한 것이지만, O(방향 설정)는 현재부터 미래까지의 일에 대한 것입니다. 바로 우산을 가지고 갈지를 결정하는 것이 D(결정, Decide)입니다. 결정을 내렸다면 남은 일은 실행하는 것뿐입니다. 이것이 A(행동, Act)입니다(**그림 2-15**).

2장 •• 데이터 과학이라는 무기

| 그림 2-14 | 현장에서 성과를 내기 위한 OODA 루프

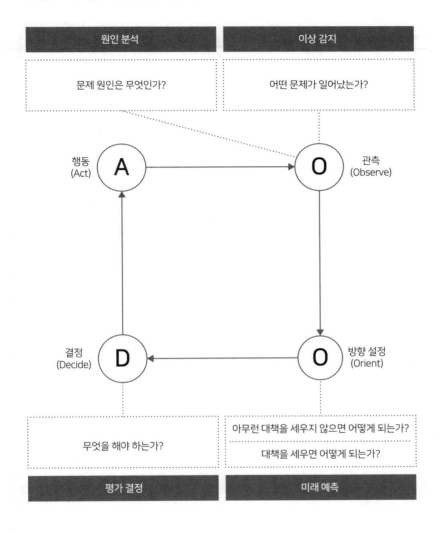

079

일반적으로 사람은 일상 생활에서 무의식적으로 OODA 루프에 따라 생활하는 경우가 많습니다. 이러한 일상 생활에서 이루어지는 OODA 루프를 무의식이 아니라 의식해서 반복하는 것이 바로 데이터 과학의 흐름입니다.

OODA 루프 상에는 데이터를 사용해서 해결해야 하는 여러 가지 개별적인 테마가 있습니다. 개별적인 테마는 보다 큰 데이터 과학 테마를 해결하거나 목표를 달성하기 위해서 존재합니다(**그림 2-16**).

│ 그림 2-15 │ 이미 많은 사람들이 일상 생활에서 OODA를 활용합니다.

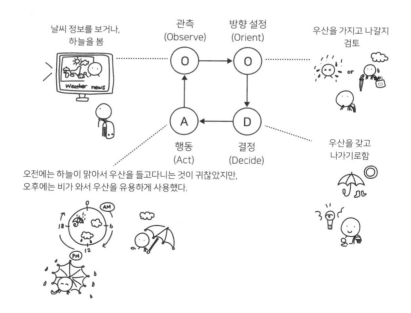

2장 •• 데이터 과학이라는 무기

예를 들어서 영업과 마케팅이라면 "LTV(Life Time Value = 고객 생애 가치: 고객이 생애 동안 기업에게 전달하는 이익) 극대화"와 "고객 증가", 생산 업계라면 "QCD(품질, 비용, 납기) 향상" 또는 "생산성 향상" 등이 있습니다(그림 2-17).

| 그림 2-16 | 개별 테마 분류 예

테마		용도 예
이상 감지	이상 감지	어떤 이상(이상값 또는 변화)이 발생하지 않았는가?
	효과 판정	이상을 일으키려 했던 것이 실제로 이상을 일으켰는가? (프로모션을 통한 매출 확대 등)
	전조 감지	이상이 발생할 전조가 있는가?
원인 분석	원인 특정	문제의 원인은 무엇인가?
	구조 이해	어떠한 구조(○○가 일어나면 △△가 함께 일어난다)로 되어 있는가?
	변화 파악	구조는 어떻게 변화하고 있는가?
미래 예측	질적 예측	어느 정도로 일어나는가?(예: 수주 되는가?)
	양적 예측	어느 정도의 양으로 일어나는가?(예: 수주 금액)
	전조 감지	이상이 있지 않은가? ※이상 감지의 전조 감지와 같음
평가 결정	행동 추천	무엇을 하면 좋은가?
	정도 추천	어느 정도로 하면 좋은가?
	다면 평가	그것은 효율적이면서 실현가능한가?

2-3 데이터 과학 구동 프로세스(PDCA×OODA×CRISP-DM)

| 그림 2-17 | 영업과 마케팅의 데이터과학 테마 예

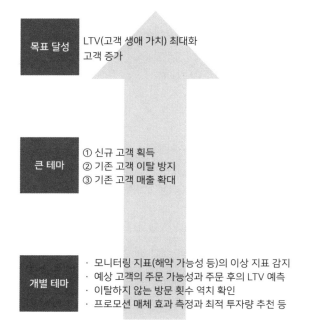

목표 달성
LTV(고객 생애 가치) 최대화
고객 증가

큰 테마
① 신규 고객 획득
② 기존 고객 이탈 방지
③ 기존 고객 매출 확대

개별 테마
· 모니터링 지표(해약 가능성 등)의 이상 지표 감지
· 예상 고객의 주문 가능성과 주문 후의 LTV 예측
· 이탈하지 않는 방문 횟수 역치 확인
· 프로모션 매체 효과 측정과 최적 투자량 추천 등

CRISP-DM

CRISP-DM은 2000년 전후로 데이터 마이닝의 인기가 높아졌을 때, 세계적으로 널리 퍼졌습니다. CRISP-DM을 모르더라도, 데이터 과학을 활용하는 프로젝트를 진행한다면 결과적으로 비슷한 느낌의 프로젝트를 진행하게 됩니다(**그림 2-18**). CRISP-DM은 다음과 같은 6 가지로 구성됩니다.

- **비즈니스 이해**
- **데이터 이해**
- **데이터 준비**
- **모델링**
- **비즈니스 평가**
- **비즈니스 전개**

|그림 2-18| 모델 구축을 위한 CRISP-DM

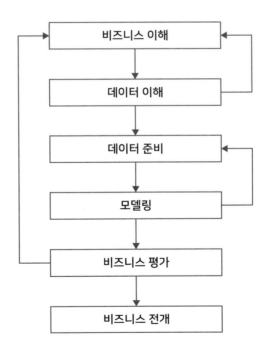

2-3 데이터 과학 구동 프로세스(PDCA×OODA×CRISP-DM)

간단하게 말하면 테마에 따라서 모델을 구축하고, 실제 비즈니스에서 활용할 때까지의 프로세스입니다.

이때 한 가지 주의해야하는 점이 있습니다. 모델이라고하면 "패션 모델" 또는 "프라모델" 등을 떠올리는 분도 적지 않습니다. 여기에서 모델이란 현실 세계에 있는 것을 모방해서 만든 것으로, 어떠한 기호(수식 또는 그림 등)로 표현되는 것입니다. 현실 세계에 있는 것을 모방했다는 의미에서 패션 모델의 모델보다는 프라모델의 모델과 의미가 더 가깝습니다. 예를 들어서 통계 해석 또는 머신러닝에서 등장하는 수학 모델은 수식이라는 기호로 모델을 표현합니다. 수식으로 표현되는 수학 모델은 어디까지나 현실 세계의 것을 모방한 것뿐이며, 진짜는 아닙니다.

모델은 크게 2가지 종류가 있습니다. 지금 "현재 현실 세계"를 표현한 "As-Is 모델"(전형 모델 또는 근사 모델)과 "그래야 하는 현실 세계"를 표현한 "To-Be 모델"(이상 모델 또는 규범 모델)입니다. 예를 들어서 지금 현재의 업무 흐름을 시각화한다면, 그것은 "As-Is 모델" 형태의 프로세스 모델입니다. 반대로 그래야 하는 업무 흐름을 시각화한다면, 그것은 "To-Be 모델" 형태의 프로세스 모델입니다. 모두 현실 세계를 모방한 것이지만, 의미 부여(현재 상황인지 이상인지)만 다를 뿐입니다.

데이터 과학은 다음과 같은 모델을 구축해서 사용합니다.

- **지표 모델**(KPI(핵심 성과 지표) 등의 지표)
- **프로세스 모델**(활용 스토리 또는 분석 스토리를 구체화한 것)
- **목업 모델**(리포트 또는 대시보드 등의 양식)

CRISP-DM으로 수학 모델뿐만아니라 이와 같은 지표 모델과 프로세스 모델들도 구축합니다.

이외에도 데이터를 정리해야 한다면 데이터 모델을 구축 또는 재구축할 필요가 있을 수 있으며, 수익 구조에 영향을 미치면 비즈니스 모델의 구축 또는 재구축할 필요가 있을 수 있습니다. 즉 CRISP-DM은 데이터 과학을 활용할 때 강력한 무기가 되는 이러한 모델을 만들어내는 제조 프로세스인 것입니다. 그리고 CRISP-DM은 데이터 과학자만으로는 진행될 수 없습니다. 이전에 언급했던 다른 인력들이 모두 함께 진행해 나가야 합니다.

통계 해석,
머신러닝, AI

다음과 같은 질문을 굉장히 많이 받습니다.

"통계 해석과 머신러닝은 어떤 차이가 있나요?"

데이터 과학자의 대표적인 무기가 바로 통계 해석입니다. 통계 해석은 통계학 이론을 기반으로 해석하는 방법입니다. 그리고 머신러닝도 데이터 과학자의 대표적인 무기입니다. 그럼 어떤 차이가 있을까요?

간단하게 설명하겠습니다.

머신러닝이란 AI 연구 분야 중에 하나로서, 인간이 자연스럽게 사용하는 학습 능력을 컴퓨터 내부에 구현하려는 기술입니다. 따라서 일단 컴퓨터의 존재가 전제됩니다.

| 그림 2-19 | 통계 해석(특히 다변량 통계 분석)의 수학 모델 예

- 단일 회귀 모델
- 다중 회귀 모델
- 분산 분석
- 로지스틱스 회귀 모델
- 대수 선형 모델
- 포아송 회귀 모델
- 선형 판별 분석
- 수량화 I류
- 수량화 II류
- 수량화 III류
- 수량화 IV류
- 수량화 V류
- 수량화 VI류

- AID · CHAID(결정 트리)
- 주성분 분석
- 인자 분석
- 3상 인자 분석
- 계층형 클러스터 분석
- 비계층형 클러스터 분석
- 잠재 클래스 분석
- 대응 분석
- MDS 분석
- 컨조인트 분석
- ARIMA 모델
- 상태 공간 모델
- 항목 반응 모델

- 퍼스펙티브 분석
- 그래피컬 모델링
- 구조 방정식 모델링
- 베이지안 네트워크
- 일반 선형 모델
- 일반화 선형 모델
- 멀티 레벨 모델
- 혼합 모델
- 계층적 베이즈 모델
- 정규화 항을 추가한 모델
    ⁝

많은 것들이 머신러닝에서도 등장합니다.

    통계 해석(다변량 분석[4] 등)은 데이터의 특징과 규칙성 등을 찾는 것입니다. 통계 해석은 컴퓨터가 등장하기 전부터 있었습니다.

●●●

4   여러 속성에 기반해서 정보의 관련성을 명확하게 하는 통계적 방법을 의미합니다. 주성분 분석, 인자 분석, 클러스터 분석 등이 있습니다.

정리하면, 통계 해석과 머신러닝은 목적도 다르고 컴퓨터의 전제 여부도 다릅니다.

하지만 머신러닝이라는 틀 내부에서 통계학의 수학 모델을 사용하는 경우가 많습니다. 그래서 많은 사람들이 둘을 혼동하는 것입니다. 통계 해석의 다변량 분석이라고 부르는 모델들과 머신러닝에 등장하는 모델들이 많이 겹칩니다(**그림 2-19**).

예를 들어서 회귀 모델이 있습니다.

회귀 모델이란 "목적 변수 y"(예: 점포 매출)와 "설명 변수 x"(예: 전단지 배포 수)의 관계를 수식으로 표현하는 것입니다(**그림 2-20**).

이러한 회귀 모델은 통계 해석과 머신러닝 모두에 등장합니다.

회귀 모델의 수식을 얻으려면, 데이터에서 파라미터라고 부르는 "상수항"과 "계수"를 계산해서 구해야 합니다.

컴퓨터를 전제로 하는 머신러닝과 다르게, 통계학은 컴퓨터가 발달하기 이전부터 있었습니다. 따라서 회귀 모델의 파라미터(상수항과 계수)를 손으로 계산해도 문제없습니다. 물론 컴퓨터를 사용해서 구할 수도 있습니다.

어떤 것이 더 간단할까요? 당연하지만 손으로 계산하는 것보다 컴퓨터로 계산하는 것이 간단할 것입니다.

|그림 2-20| 단일 회귀 모델

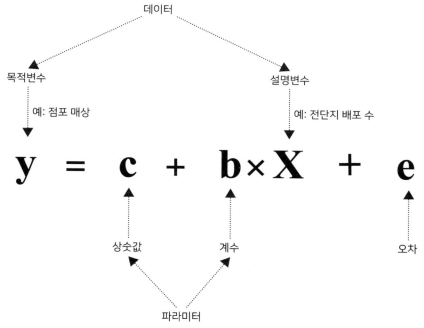

데이터

목적변수

예: 점포 매상

설명변수

예: 전단지 배포 수

$$y = c + b \times X + e$$

상숫값

계수

오차

파라미터

목적 변수와 설명 변수의 과거 데이터를 기반으로
파라미터(상숫값과 계수)를 계산합니다(단일 회귀 모델을 학습합니다).

머신러닝 세계에서는 예를 들어서 " 컴퓨터를 사용해 회귀 모델의
파라미터를 구한다"라는 것을 "학습한다"라고 표현합니다.

실제로 많은 통계 해석 분석 방법으로 등장하는 모델은 컴퓨터로
학습해서 구할 수 있습니다. 따라서 어떻게 보면 통계 해석의 모델과

머신러닝을 분리해서 생각하는 것이 힘들 수도 있습니다. 그래서 최근에는 통계 해석과 머신러닝을 합쳐서 "통계적 기계 학습(통계적 머신러닝)"이라고 부르기도 합니다.

참고로 회귀 모델은 어떤 경우에 사용할 수 있을까요? 앞에서 언급했던 "목적 변수: 점포 매출"과 "설명 변수: 전단지 배포 수"의 예로 생각해봅시다.

이러한 회귀 모델을 사용하면, 현재까지의 점포 매출과 전단지 배포 수 경향을 확인할 수 있습니다. 점포 매출과 전단지 배포 수의 관계성 여부와 효과의 정도를 알 수 있는 것입니다. 이처럼 통계 해석의 분석 방법으로 등장하는 모델의 대부분은 데이터를 기반으로 유효한 지식(데이터 뒤에 숨은 메커니즘)을 알 수 있게 해줍니다.

그뿐만이 아닙니다. 회귀 모델을 활용하면 미래 예측도 할 수 있습니다. 전단지를 몇 장 배포하면 어느 정도의 매출이 발생할지 알 수 있는 것입니다. 예측이 10원 단위까지 딱 들어맞지는 않아도, 어떤 경향을 보일지 대충은 알 수 있습니다. 통계 해석 분석 방법으로 등장하는 모델 중에 "회귀"라는 키워드가 있습니다. 일반적으로 이는 예측에 사용되는 것입니다(그림 2-21).

정리하겠습니다. 통계적 기계 학습이란 "컴퓨터를 사용해서 통계적 방법과 관측된 데이터를 기반으로 유효한 지식(데이터 뒤에 숨은 메커니즘)을 자동 추출하는 방법론"입니다. 이렇게 만들어진 지식은 "지

2장 •• 데이터 과학이라는 무기

금까지 어떻게 되었는가?"(과거부터 현재까지)를 이해하는 데 사용하기도 하며, "앞으로는 어떻게 되는가?"(현재부터 미래까지)를 이해하는 데 사용하기도 합니다.

|그림 2-21| 과거를 알고 미래를 볼 수 있는 통계적 기계 학습

과거를 이해하고….   미래를 예측한다….

사람에 따라서 "통계"라는 키워드를 강조하기도 하고, "기계 학습(머신러닝)"이라는 키워드를 강조하기도 합니다. 일반적으로 "기계 학습(머신러닝)"을 강조하면 "미래에 대한 예측"의 느낌이 강해집니다. 컴퓨터를 다양하게 활용해서 "어떻게든 예측이 맞는 모델을 만들면된다"라는 형태입니다.

반면 "통계"를 강조하면 "데이터 뒤에 숨은 메커니즘(데이터의 특징, 규칙성 등)에 대한 이해"의 느낌이 강해집니다. 예측의 정확도가 조금 떨어지더라도, 사람이 이해할 수 있는 부분을 더 중요시하는 것입니다.

"통계적"이라는 키워드가 들어가지 않은 머신러닝의 경우, "데이터 뒤에 숨어있는 메커니즘"을 사람이 이해할 필요가 크게 없고, "예측"이라는 것이 중요해지는 느낌이 있습니다.

이러한 형태의 대표적인 예로 딥러닝이 있습니다. 딥러닝이란 주로 4개 이상의 레이어를 활용해서 구축한 뉴럴 네트워크를 나타냅니다. 뉴럴 네트워크는 컴퓨터 내부에 사람 또는 동물의 뇌 신경 회로를 모방해서 만든 것입니다. 2개의 레이어를 가지면 퍼셉트론, 3개의 레이어를 가지면 계층적 뉴럴 네트워크라고 부릅니다.

통계 해석,
머신러닝 모델 선택 방법
(치트 시트)

통계 해석과 머신러닝 등에서 사용되는 수학 모델은 굉장히 다양합니다. 계속해서 새로운 것이 등장하다 보니, 선택하는 것 자체가 힘듭니다. 새로운 수학 모델을 선택하는 것도 좋지만, 일단 기본적인 것부터 차근차근 선택해보는 것이 좋습니다.

기본적인 것도 이전에 언급했던 것처럼 굉장히 많습니다. 따라서 용도에 따라서 적절하게 선택하는 것이 중요합니다.

선택을 할 때는 치트 시트(cheat sheet)를 활용하면 좋습니다. 굉장히 다양한 종류의 치트 시트가 있지만, 가장 간단한 것은 Microsoft의 치트 시트입니다. Microsoft의 Azure Machine Learning에서 머신러닝 알고리즘을 선택할 때 활용하는 치트 시트입니다(**그림 2-22**).

|그림 2-22| Azure Machine Learning Studio의 머신러닝 알고리즘 치트시트

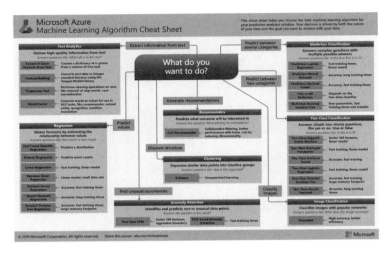

출처 Microsoft "Azure Machine Learning Studio Algorithm Cheat Sheet"

이를 조금 더 간단하게 정리하면, 다음과 같습니다. 치트 시트를 단순화하고, 간단한 용어를 사용해 정리한 것입니다(그림 2-23).

이러한 치트 시트를 통해 나오는 수학 모델은 다음과 같습니다.

- **양을 예측하는 모델**
- **질을 예측하는 모델**
- **이상을 감지하는 모델**
- **구조를 이해하기 위한 모델**

2장 •• 데이터 과학이라는 무기

양을 예측하는 모델

"양을 예측하는 모델"이란 매출 금액 또는 고장 횟수 등의 수량이나 횟수를 예측하기 위한 것입니다. 다양한 모델이 고안되어 있습니다. 가장 기본이 되는 것으로는 단순 회귀 모델(simple regression)과 다중 회귀 모델(multiple regression)이 있습니다. 단순 회귀 모델은 설명 변수가 1개, 다중 회귀 모델은 설명 변수가 2개 이상인 경우를 의미합니다.

| 그림 2-23 | 간단한 치트 시트

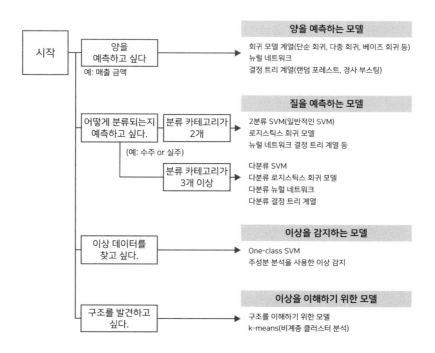

2-5 통계 해석, 머신러닝 모델 선택 방법(치트 시트)

예를 들어서 어떤 점포의 일 매출(1일 매출 금액)을 목적 변수로 하고, 예측 대상인 일 매출에 영향을 미치는 날씨와 판촉 등을 설명 변수로 설정하는 것입니다.

특성요인도(Fish bone diagram, 생선뼈 다이어그램)로 표현해보면, 다음과 같습니다(**그림 2-24**).

| **그림 2-24** | 양을 예측하는 모델 예(어떤 점포의 일 매출을 예측하는 모델 예)

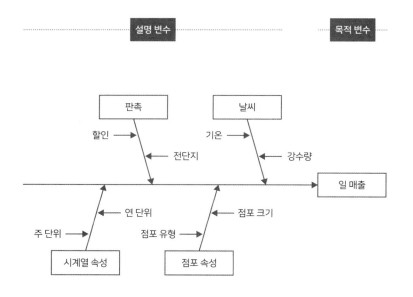

특성요인도란 특성 요인 그림이라고도 부르며, "특성(effect)"과 특성에 영향을 주는 "요인(factor)"의 관계를 그림으로 나타내는 것입니다.

현재 예에서는 특성이 목적 변수이고, 요인이 설명 변수입니다. 어떤 문제가 발생했을 때에 영향을 미치는 요인을 "원인(cause)"이라고 부릅니다.

특성요인도는 굉장히 편리하게 활용할 수 있습니다. 수학 모델 설계 시점, 문제 원인 분석 등에 활용할 수 있습니다.

질을 예측하는 모델

"질을 예측하는 모델"이란 "수주 or 실주[5]" 또는 "양품 or 불량품" 등의 어떤 카테고리(예: 수주인가 실주인가, 양품인가 불량품인가)에 속하는지를 예측하기 위한 것입니다.

카테고리의 수는 "수주와 실주" 또는 "양품과 불량품"처럼 2가지 종류일 필요는 없습니다. 3가지 종류, 4가지 종류여도 상관없습니다. 그래도 기본적으로는 2가지 종류를 많이 사용합니다.

질을 예측하는 모델도 다양한 모델이 고안되어 있습니다. 기본적인 모델로는 선형 판별 모델과 로지스틱스 회귀 모델이 있습니다. "수주와 실주"의 예로 설명해보면, 선형 판별 모델은 판별 점수라는 것을 사용해서 "수주 or 실주"를 직접 예측하고, 로지스틱스 회귀 모델은 수

• • •

5   역주: 주문을 잃는 것을 실주라고 부릅니다.

2-5 통계 해석, 머신러닝 모델 선택 방법(치트 시트)

주할 확률을 예측합니다.

예를 들어서 예측 대상인 "수주 여부"(주문 or 실주)를 목적 변수로 하고, 수주에 영향을 줄 수 있는 영업 활동과 고객 행동 등을 설명 변수로 합니다.

특성요인도을 통해서 그림으로 나타내보면, 다음과 같습니다(**그림 2-25**).

| 그림 2-25 | 질을 예측하는 모델 예(법인 영업에서 수주 여부를 예측하는 모델 예)

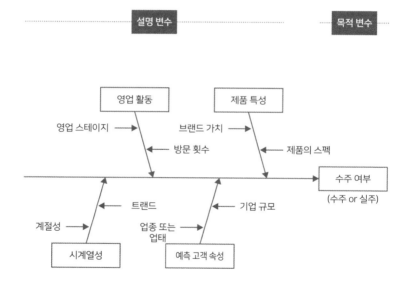

2장 •• 데이터 과학이라는 무기

질을 예측하는 모델은 대부분 확률(0~1 사이의 값)을 출력합니다. "수주 or 실수"라면 수주 확률 또는 실주 확률, "양품 or 불량품"이라면 양품 확률 또는 불량품 확률을 출력합니다.

어떤 카테고리(예: 수주 or 실주, 양품 or 불량품 등)에 속하는지를 흑백으로 딱 구분하고 싶은 경우에는 역치(어떤 반응을 일으키는 데 필요한 기준이 되는 최솟값)를 설정해야 합니다. 가장 기본적인 역치 값은 0.5입니다. 이러한 역치는 수주 확률이 0.5를 넘으면 "수주 카테고리로 분류한다"라는 형태로 사용됩니다.

양을 예측하는 모델과 질을 예측하는 모델을 함께 사용하는 경우에는 다음과 같이 사용을 구분해서 사용하기도 합니다(그림 2-26).

- **"일어날 것인가"를 예측**(예: 수주할 것인가 아닌가) → 질을 예측하는 모델

- 일어났을 때 **"어느 정도가 될 것인가"를 예측**(얘: 수주 금액) → 양을 예측하는 모델

2-5 통계 해석, 머신러닝 모델 선택 방법(치트 시트)

|그림 2-26| 질과 양을 모두 예측하기(신규 고객 획득을 위한 영업 활용 예)

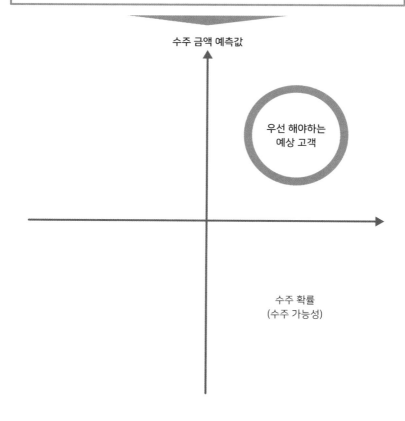

【질을 예측하는 모델】
예상 고객의 수주 가능 여부 예측(수주 확률)

【양을 예측하는 모델】
수주를 했을 경우 수주 금액이 어느정도 될지 예측(수주 금액)

수주 금액 예측값

우선 해야하는
예상 고객

수주 확률
(수주 가능성)

이상을 감지하는 모델

"이상을 감지하는 모델"은 기계에 설치한 센서의 이상값(다른 값과 비교해서 크게 다른 값), 기계 그 자체의 고장, 입력양식 입력 실수, 매출의 변화점을 감지하기 위한 것입니다(**그림 2-27**).

이때 이상이라는 것이 나쁜 것인지는 상황에 따라서 주의해야 합니다. 고장을 나타내는 이상이라면 나쁜 것이지만, 캠페인 등의 효과를 측정한다면 이때의 이상은 좋은 것입니다.

만약 매출을 목적으로 일시적인 캠페인을 열었다고 합시다. 이러한 캠페인 기간 동안 매출에서 이상이 발생한다면, 해당 캠페인은 성공했다는 의미입니다. 반면 매출에 어떠한 이상도 발생하지 않는다면, 해당 캠페인은 실패했다는 의미입니다(**그림 2-28**).

Microsoft의 치트 시트에는 2개의 방법이 소개되어 있지만, 양을 예측하는 모델과 질을 예측하는 모델도 이상을 예측하는 모델로서 사용할 수 있습니다.

예를 들어서 질을 예측하는 모델이라면, 목적 변수를 "이상 or 정상"으로 모델을 구축해서, 기계의 이상을 감지하는 모델로 활용할 수 있습니다(**그림 2-29**).

| 그림 2-27 | 이상값(이상점과 변화점 등)

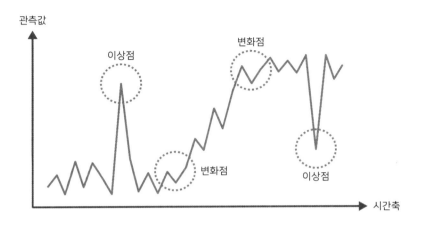

| 그림 2-28 | 캠페인 등의 효과 예측에서 이상이란 좋은 것

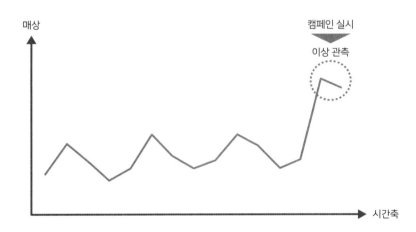

2장 •• 데이터 과학이라는 무기

| 그림 2-29 | 질을 예측하는 모델로 이상 감지(기기의 고장 감지 예)

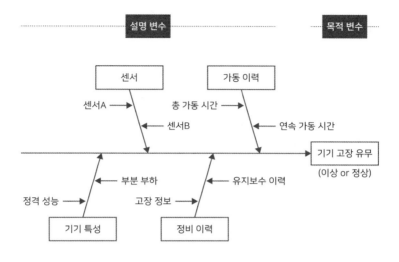

| 그림 2-30 | 양을 예측하는 모델로 이상 감지(로트 생상 주문 견적 실수 감지 예)

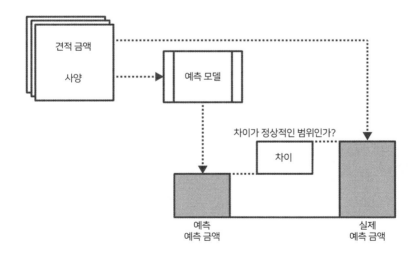

2-5 통계 해석, 머신러닝 모델 선택 방법(치트 시트)

예를 들어서 양을 예측하는 모델이 있다면, 목적 변수를 "예측 금액"으로 사용해 모델을 구축해서, 예측 금액의 실수를 감지할 수도 있습니다.

"모델을 사용해서 예측한 금액"과 "실제 예측 금액"이 크게 가른 경우, 이상이 있다고 볼 수 있기 때문입니다(**그림 2-30**).

구조를 이해하기 위한 모델

"구조를 이해하기 위한 모델"이란 모아진 데이터의 구조가 어떻게 되어 있는지 파악하기 위한 모델입니다.

구조를 이해하기 위한 모델은 직접 어떠한 예측과 감지에 도움이 된다기보다는 데이터 그 자체를 이해하거나 예측하지 못한 가설을 발견하기 위해서와 같이 예측과 감지 모델을 구축하기 위한 사전 분석을 위해 활용합니다.

Microsoft의 치트 시트에서 등장하는 것은 클러스터 분석(k-means) 뿐입니다.

클러스터 분석이란 개인 또는 상품 등을 그룹으로 나누는 것입니다. 같은 그룹에 속하는 개인과 상품 등은 비슷한 데이터 값을 갖습니다. 이러한 그룹 자체를 클러스터라고 부릅니다(**그림 2-31**).

2장 •• 데이터 과학이라는 무기

| 그림 2-31 | 지역 클러스링의 예(일본의 지역)

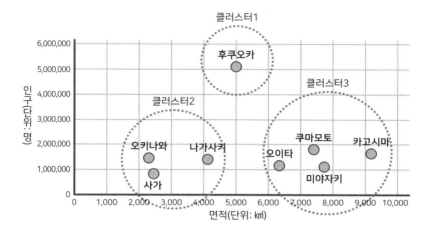

Microsoft의 치트 시트에 등장하지 않는 "구조를 이해하기 위한 모델"은 이외에도 굉장히 많습니다.

예를 들어서 비슷한 경향을 가진 데이터 항목(변수)을 집약하는 주성분 분석, 데이터 항목 사이(변수 사이)의 구조를 그리는 그래픽 모델링(Graphical modeling) 등이 있습니다(그림 2-32)

이처럼 치트시트에 나오지 않는 모델도 많으므로, 사실 치트시트만으로는 부족합니다. 하지만 어떤 수학 모델이 있는지 하는 감각 정도는 기를 수 있을 것이라 생각합니다.

추가로 유명한 치트 시트가 있습니다. 추가적인 정보가 필요한 분

2-5 통계 해석, 머신러닝 모델 선택 방법(치트 시트)

이라면, 이를 참고하기 바랍니다. scikit-leran이라는 파이썬 프로그래밍 언어의 머신러닝 오픈소스 라이브러리의 치트 시트입니다(**그림 2-33**).

| 그림 2-32 | 데이터 항목 사이(변수 사이)의 관계를 그리는 그래픽 모델링의 예

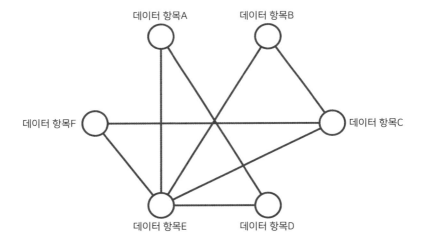

자세한 내용은 설명하지 않겠지만 Microsoft의 치트 시트는 "용도"로 모델을 선택하는 느낌이 있으며, scikit-learn의 치트시트는 "데이터의 상태"로 모델을 선택하는 느낌이 있습니다.

추가로 파이썬은 무료로 사용할 수 있다는 매력으로 데이터 과학 업계에서 굉장히 많이 사용되고 있는 소프트웨어입니다. 이외에도 R

또한, 데이터 과학 업계에서 많이 사용되는 도구로서 무료로 사용할
수 있습니다.

|그림 2-33| 파이썬 scikit-learn 치트시트

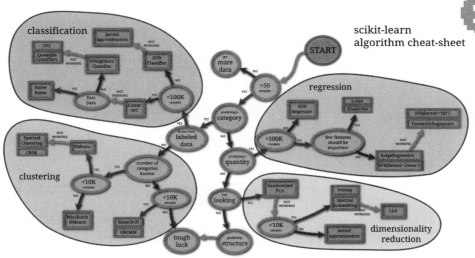

출처 scikit-learn:"scikit-learn algorithm cheat-sheet"
(https://scikit-learn.org/stable/tutorial/machine_learning_map/)「Scikit-learn: Machine
Learning in Python, Pedregosa et al., JMLR 12, pp. 2825-2830, 2011.)」
〈2019년 7월 확인〉

2-5 통계 해석, 머신러닝 모델 선택 방법(치트 시트)

파이썬은 머신러닝, R은 통계 분석이라는 이미지가 있지만, 사실 둘 다 할 수 있는 것과 구축할 수 있는 모델이 거의 비슷합니다. 엔지니어와 가까운 분이라면 파이썬이 익숙해지기 쉬울 것이라 생각합니다. 반면 애널리스트와 가까운 분이라면 R이 익숙해지기 쉬울 것이라 생각합니다.

무료라서 불안한 분이라면 SPS 또는 SAS 등의 유료 분석용 소프트웨어도 있으므로, 이를 활용해보기 바랍니다. 조금 저렴한 것을 찾는 분이라면 Stata를 추천합니다. Stata를 다루려면 파이썬과 R을 어느 정도 다룰 수 있는 스킬이 필요합니다.

3장

데이터 과학을
시작하는 방법과
간단한 사례

데이터 과학은
작게 시작해서 크게 만들자

처음부터 홈런을 치려는 것은 리스크가 큽니다. 데이터 과학을 성공적으로 하기 위해서는 가능한 가볍고 간단하게 시작해서(자신의 부서 + 연관 부서 1-2곳 정도), 그 성과를 조금씩 키우는 것이 좋습니다(그림 3-1).

작게 시작하면 궤도를 수정하는 것도 간단하고, 실패의 영향도 적으며, 여러 번 도전해보는 것이 쉽습니다. 그리고 실적을 내기도 쉬우므로, 관련된 사람들에게 이른 단계부터 믿음을 줄 수 있습니다. 그리고 무엇보다 작아도 실적은 실적입니다. 이러한 실적을 활용하면 회사 내에서 힘을 가진 사람, 관련된 부서 등의 이해와 협력을 얻어서 데이터 과학을 더 크게 활용해볼 수 있게 됩니다.

| 그림 3-1 | 작게 시작하고, 점점 크게 만들기

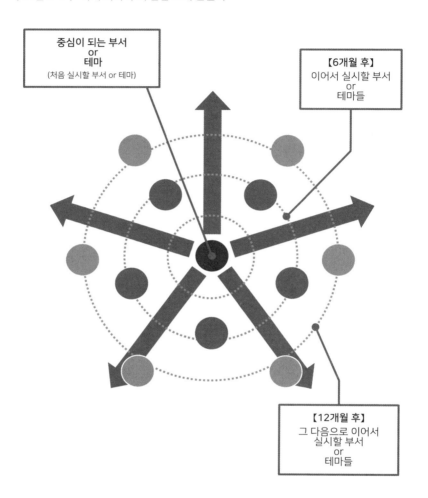

중심이 되는 부서
or
테마
(처음 실시할 부서 or 테마)

【6개월 후】
이어서 실시할 부서
or
테마들

【12개월 후】
그 다음으로 이어서
실시할 부서
or
테마들

3장 •• 데이터 과학을 시작하는 방법과 간단한 사례

작게 시작하는 시점부터 크게 다음과 같은 3가지 진화 축을 생각해보면 좋습니다(**그림 3-2**).

- **축1(테마의 크기): 테마 설정을 작게 시작합니다**(예: 어떤 한정된 테마)
- **축2(영향 범위): 영향 범위를 작게 시작합니다**(예: 사람 수)
- **축3(모델링): 입수하기 쉬운 데이터 또는 간단한 데이터 과학 모델링 기술부터 시작합니다**(예: 과거부터 있는 간단한 수학 모델 등)

일단 축1(테마의 크기)입니다. 세계 시장에서 점유율 1위가 된다던가, 새로운 데이터 비즈니스를 창조해서 수익원을 만든다는 것부터 시작하면 당연히 실패할 것입니다. 일단 어떤 사업에서 기존 고객 이탈을 막는다던지, 제품의 수율을 개선한다던지 등의 작은 것부터 시작하는 것이 좋습니다.

이어서 축2(영향 범위)입니다. 전 세계 모든 지사에서 활용한다던지, 해외 모든 공장에서 한다던지부터 할 수는 없습니다. 일단 국내 일부 지역 영업소부터 시작하고, 어떤 공장에서 하나의 라인에서 테스트해보는 것이 좋습니다.

| 그림 3-2 | 3개의 진화 축

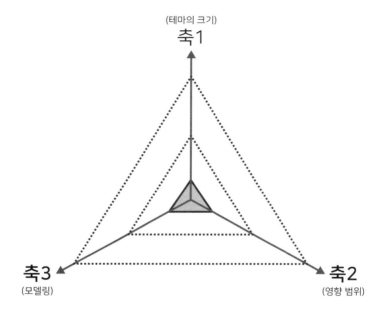

마지막 축3(모델링)입니다. 처음부터 데이터를 모을 수 있게 대규모 IT 투자를 하고, 새롭게 유행하는 수학 모델을 활용하는 것보다는 간단하게 입수할 수 있는 데이터를 활용하고, 사내에 있는 인재들을 활용해 간단한 수학 모델부터 실시해보는 것이 좋습니다.

따라서 테마를 작게 한정하고, 컨트롤 할 수 있는 수준의 영향 범위, 막대한 투자가 필요 없는 정도의 데이터와 데이터 과학 모델링 기술을 활용해서 작게 시작해보는 것이 좋습니다.

또한 큰 테마를 1~2개 하는 것보다는 작은 테마를 10~100개 정도 하면서 크게 만들만한 테마를 찾아보는 것이 좋습니다.

일단 작게 시작하면, 다음과 같은 것들이 보입니다.

- **제대로된 성과를 내지 못하는 테마**
- **작은 성과만 만들어내는 테마**
- **어느 정도 성과를 낼 수 있는 테마**
- **큰 성과를 기대할 수 있는 테마**

실제로 해보면 알겠지만, 큰 성과를 내는 테마는 왜 그런지도 잘 모르겠는 경우가 많습니다.

당연하지만, 큰 성과를 노리를 것보다 작은 성과를 노리는 것이 더 잘 이루어질 확률이 높습니다. 예로 들어 야구에서 가끔 홈런을 치는 파워 히터보다, 꾸준히 안타를 내는 애버리지 히터가 더 좋은 결과를 내는 것과 같습니다.

또한 꾸준히 안타를 치다보면, 그 중에서 몇 개는 홈런이 됩니다. 예를 들어 일본의 야구 선수 이치로는 애버리지 히터로 알려져있지만, 실제로 성과를 살펴보면 홈런도 꽤 많이 치고 있다는 것을 알 수 있습니다(**그림 3-3**).

| 그림 3-3 | 이치로의 연도별 타격 성과

전 프로 야구 선수 이치로는 안타만 많이 치는 타자라는 이미지가 강하지만,
실제로는 홈런도 꽤 많이 치고 있습니다.

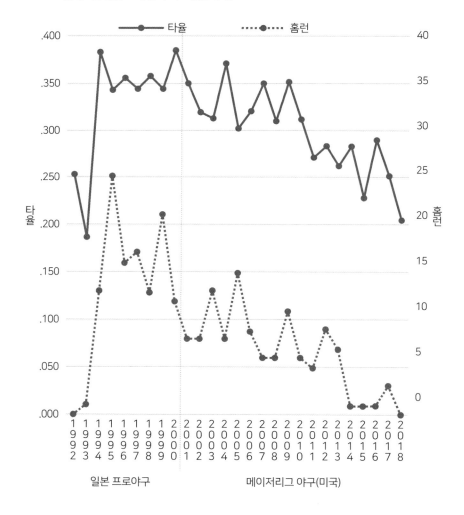

작은 성과라도 비용대비 효과가 잘 맞으면 그건 그것대로 성공적입니다. "티끌 모아 태산"이라는 말처럼 작은 성과도 조직 전체로 생각해보면 그런대로의 성공이 됩니다(**그림 3–4**).

| 그림 3-4 | 티끌 모아 태산

작은 성과

큰 성과

3-1 데이터 과학은 작게 시작해서 크게 만들자

작게 시작한
데이터 과학의
작은 사례

그럼 작게 시작한 데이터 과학의 작은 사례를 몇 가지 소개하겠습니다(**표 3-1**).

"머리말"에서도 말했지만, 이번 절에서는 익숙하지 않은 수학 모델 용어들이 등장할 것입니다. 너무 이해하기 힘들다면, 무리하지 말고 일단 생략하기 바랍니다.

소개할 작은 사례는 모두 3개월 이내에 성과를 낸 것들입니다.

3개월 이상 걸릴 것 같은 테마가 있다면, 3개월 이내에 성과를 낼수 있을만한 크기로 자르고 성과를 정의해서, 정기적으로 성과를 계속 낼 수 있게 만들면 좋습니다.

필자의 경험으로 2-3달 정도로 사이클을 돌리는 것이 진행이 빠릅니다. 물론 1개월 사이클로 돌리는 것도 문제는 없지만, 6개월 사이클 정도로 기간을 너무 길게 잡으면 하고자 하는 것이 늘어지는 느낌이

들어 좋지 않습니다.

| 표 3-1 | 소개할 작은 사례

No.	사례	도메인	데이터 분석/수학 모델
1	어느 정도 방문해야 괜찮은 걸까?	B to B(법인 대 법인) 비즈니스를 하는 식품 기업의 이탈(거래량 0) 방지 활동	기존 고객의 방문 횟수 역치 / 이탈 예측
2	돈이 될 것이라 예상되는 고객 찾기	모 IT 기업의 신규 고객 개척 활동	예측 고객의 수주율 / 수주 금액 / LTV 예측
3	사용자의 입력이 이상한 것 같지 않아?	정보 통신 결제 정보 처리 서비스 사업의 계약 양식 시트 확인 공정	고객 정보 입력 때의 기입 실수 감지 / 실수 수정 추천
4	어떻게 설계하면 좋을까?	전기 설비 회사의 주력 제품인 부품 개발 사업	개발할 때 부품 특성을 최대화하는 최적 설계
5	양품을 늘리는 방법	의료 기계 기업의 정밀 기기 부품 생산	생산 공정에서 발생할 수 있는 장지 정지 전조 감지

사례1

어느 정도 방문해야 괜찮은 걸까?(기존 고객 방문 횟수의 역치 / 이탈 예측)

당시에 처한 상황

어떤 식품 기업의 BtoB(기업 대 기업) 비즈니스 예입니다.

포화된 시장을 여러 기업들이 서로 뺏고 뺏기는 상황이었습니다. 영업 활동은 신규 개척보다는 기존 고객을 유지하고 확대하는 것을 목표로 했으며, 가장 중요한 것은 이탈(거래량이 0가 되는 것)을 막는 것이었습니다.

영업 추진부에서 "영업의 디지털화"라는 이름 아래 영업 활동에 대한 데이터를 축적하고 활용하기 위한 IT 기반을 만들기 시작했습니다. 또한 사내 데이터뿐만 아니라 시장 데이터(POS 데이터) 등의 외부 데이터도 구매해서 데이터 주도(Data Driven, 데이터에 근거해서 판단하고 액션을 취하는 것)적인 영업을 위한 움직임을 보였습니다.

물론 이때는 아직 현장의 영업 담당자들이 조금 복잡한 데이터를 분석하거나, 적극적으로 데이터를 활용해서 영업 활동을 했던 것은 아니었습니다. 영업 추진부는 이러한 상황 속에서 다른 컨설팅 회사와 함께 AI라는 키워드를 두고 도전적이고 장대한 데이터 과학 테마에 도전했습니다.

하지만 이러한 도전적이고 장대한 테마는 유감스럽게도 영업 활동에 큰 영향을 주지 못했습니다.

영업 담당자 입장에서는 영업의 디지털화가 자신에게 좋은 영향을 준다고 생각하지 못했으며, 시스템에 활동 이력을 입력하는 일이 생겨 귀찮을 뿐이었습니다.

또한 AI라는 용어는 현장 사람의 이해를 전혀 얻지 못했으며, 회사

홍보 용도(예: "○○ 기업, AI를 활용한 영업 활동 효율화"라는 기사 등)로 활용되어 일시적으로 주가를 올린 정도였습니다.

아무리 심장 뛰는 주제라도, 현장에서 받아들여지지 않고 활용되지도 않는다면 어떠한 의미도 없습니다. 일단 작은 성과라도 좋으므로, 데이터 과학이 뿌리를 내릴 수 있게 해야합니다.

심리학 세계에는 "조하리의 창(Johari's windows)"이라는 것이 있습니다. 가로 축에 '자신이 아는 부분'과 '자신이 모르는 부분', 세로 축에 '다른 사람이 아는 부분'과 '다른 사람이 모르는 부분'을 적어서 4개의 창을 만드는 것입니다(그림 3-5).

- **열린 창**(Open area): 자신도 알고 다른 사람도 아는 부분
- **보이지 않는 창**(Blind area): 자신은 모르지만, 다른 사람은 아는 부분
- **숨겨진 창**(Hidden area): 자신은 알지만, 다른 사람은 모르는 부분
- **미지의 창**(Unknown area): 자신과 다른 사람 모두 모르는 부분

조하리의 창은 데이터 과학을 작게 시작하는 시점에 테마 선택에도 활용할 수 있습니다. 예를 들어서 '스스로'를 '도메인(활용 현장)', '자신'을 '현장 사람' '다른 사람'을 '데이터'로 생각하면, 다음과 같이 대응시킬 수 있습니다(그림 3-6)

| 그림 3-5 | 조하리의 창(Johari's windows)

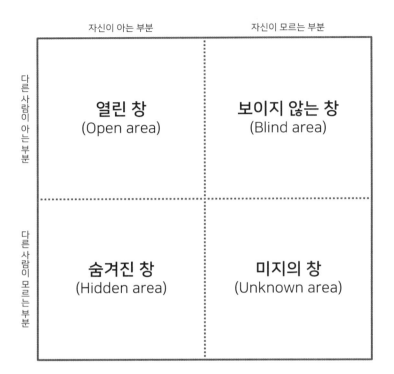

자신이 아는 부분   자신이 모르는 부분

다른 사람이 아는 부분

열린 창
(Open area)

보이지 않는 창
(Blind area)

다른 사람이 모르는 부분

숨겨진 창
(Hidden area)

미지의 창
(Unknown area)

| 그림 3-6 | 조하리의 창(Johari's windows)을 활용한 테마 선택

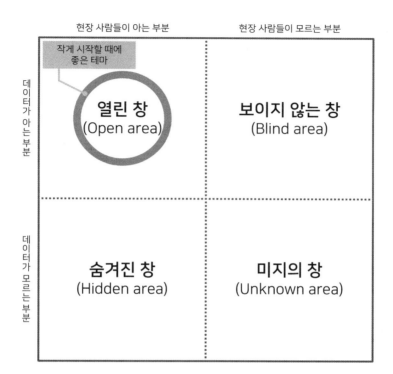

현장 사람들이 아는 부분   현장 사람들이 모르는 부분

작게 시작할 때에
좋은 테마

데이터가 아는 부분

열린 창
(Open area)

보이지 않는 창
(Blind area)

데이터가 모르는 부분

숨겨진 창
(Hidden area)

미지의 창
(Unknown area)

- **열린 창(Open area):** 현장 사람들도 알고 데이터도 아는 부분

- **보이지 않는 창(Blind area):** 현장 사람들은 모르지만, 데이터는 아는 부분

- **숨겨진 창(Hidden area):** 현장 사람들은 알지만, 데이터는 모르는 부분

- **미지의 창(Unknown area):** 현장 사람들과 데이터 모두 모르는 부분

이때 "데이터가 알고 있다"라는 것은 "데이터를 집계하거나 분석하면 알 수 있는 것"이라는 의미입니다.

그럼 데이터 과학을 처음 할 때 작게 시작한다면, 어떤 창을 노리면 좋을까요?

"숨겨진 창"과 "미지의 창"은 데이터를 활용해도 알 수 없는 부분입니다. 따라서 데이터 과학으로 해결할 수 없는 부분이므로, 다른 창을 노려야 합니다.

남은 것은 "열린 창"과 "보이지 않는 창"입니다. "보이지 않는 창"은 현장 사람들이 인지하지 못하는 것을 데이터로 이끌어 내는 것이므로, 언뜻 보기에는 좋아 보일 수 있습니다. 하지만 현장 사람들이 데이터 활용에 대해서 회의적이고 비협조적인 경우에는 데이터로 도출된 결과를 믿지 못하는 문제가 생길 수 있습니다. 따라서 데이터를 활용하는 것에 대한 신뢰를 획득하는 것이 먼저입니다.

결과적으로 남는 것은 "열린 창"입니다. 현장의 담당자가 이미 알고 있는 것을 데이터를 통해 확인하는 것입니다. "열린 창"에 해당하는 테마부터 시작해야 현장의 신뢰를 얻을 수 있습니다. 왜냐하면 현장 사람들이 충분히 납득할 수 있는 결과이기 때문입니다.

하지만 잘못하면 "그건 당연한거 아냐?"라는 말이 나올 수 있습니다. 따라서 조금 더 나아가야 합니다. 현장의 담당자가 그냥 알고 있는 부분을 숫자로 보여주면서, 동시에 추가적인 정보를 제공해야 합니다.

작게 시작한 것

이 식품 회사는 조하리의 창에서 "열린 창"을 생각했으며, "영업 방문 횟수와 고객 이탈의 관계성"에 대한 테마를 선택하기로 했습니다.

이탈 방지에 방문 횟수 등이 관계 있을 것이라는 것은 당연히 현장의 사람들은 알고 있습니다. 하지만 어느 정도 방문할 때 효과가 있는지까지는 알 수 없습니다. 따라서 이를 숫자로 딱 나타내서 보여줄 수 있으면 좋을 것입니다.

최적의 방문 횟수를 숫자로 나타내면, 지나친 방문에 의한 과잉 영업 공수 발생, 반대로 지나치게 방문하지 않아서 발생하는 이탈을 어느 정도 피할 수 있을 것입니다.

여기에서 방문 횟수의 역치, 즉 이탈을 막을 수 있는 적절한 방문 횟수를 데이터로 산출했습니다(**그림 3-7**).

방문 횟수의 역치를 산출하기 위해서, 결정 트리(decision tree, 나무가 가지를 치는 것처럼 단계적으로 데이터를 분할, 분석해서 결과를 내는 것)를 구축했습니다. 자세한 내용은 이후에 설명하겠지만, 이 방법은 굉장히 단순하면서 이해하기 쉽다는 것이 특징입니다(**그림 3-8**).

| 그림 3-7 | 방문 횟수 역치

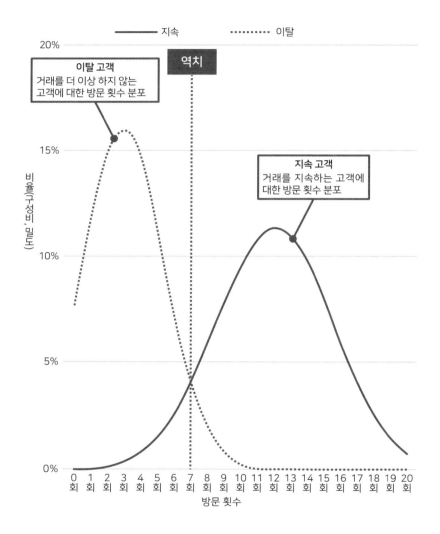

3장 •• 데이터 과학을 시작하는 방법과 간단한 사례

| 그림 3-8 | 방문 횟수 역치를 산출하기 위한 결정 트리의 예

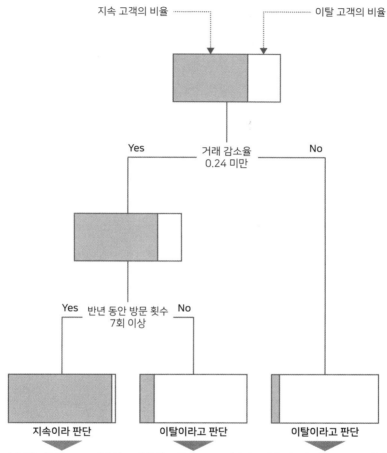

지속 고객의 비율 ┄┄┄┄┄┄   ┄┄┄┄┄┄ 이탈 고객의 비율

Yes ─────── 거래 감소율 ─────── No
            0.24 미만

Yes ─ 반년 동안 방문 횟수 ─ No
       7회 이상

지속이라 판단   **이탈이라고 판단**   **이탈이라고 판단**

거래 감소율이 0.24 미만인   거래 감소율이 0.24 미만인   거래 감소율이 0.24 이상이면,
상태라면, 7회 이상 방문했을   상태라면, 7회 미만 방문했을   방문 횟수와 상관없이 고객이
때 고객이 **대부분 거래를 지속**   때 고객이 **대부분 거래를 이탈**   **대부분 거래를 이탈**

사용한 데이터는 "지속과 이탈 데이터", "방문 횟수", "거래량"이라는 3가지뿐이었습니다. 이외에는 계절성(예: 월 단위 주기성 등) 등의 시계열성을 표현한 데이터를 추가했습니다. 목적 변수를 "지속과 이탈 데이터", 설명 변수를 "방문 횟수", "거래량", "시계열성"으로 작성하고 예측 모델(양을 예측하는 모델)을 구축했습니다(**그림 3-9**). 그리고 이전의 결정 트리와 함께 다음과 같은 추가 정보를 담당 고객별로 매달 작성해서 영업 측에 제공했습니다.

- **현재 상태와 역치의 차이(이후 몇 번 정도 방문하면 되는가?)**
- **추가 방문 횟수별 이탈 확률**
- **+0회 방문했을 때(더 이상 방문하지 않는 경우)의 이탈 확률**
- **+1회 방문했을 때의 이탈 확률**
- **+2회 방문했을 때의 이탈 확률 …**

현장의 사람들은 이러한 정보를 보고 액션을 취하게 될 것입니다.

3장 •• 데이터 과학을 시작하는 방법과 간단한 사례

| 그림 3-9 | 사례에서 사용한 "지속 or 이탈" 예측(양을 예측하는 모델)

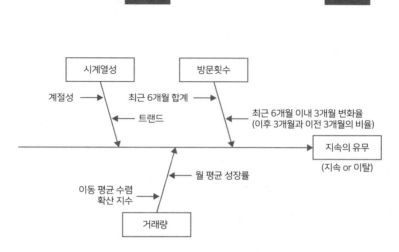

❀ 월평균 성장률은 CMGR(Compound Monthly Growth Rate)로서 마이너스일 때는 거래 감소를 의
미합니다.

그 이후

처음에는 수도권 북쪽 영업부부터 테스트했습니다. 또한 고객도
큰손 고객들로 좁혔습니다. 이후 영역을 차근차근 넓혀서 전국으로 확
대했습니다. 영역을 넓히면서 방문 횟수 등을 산출할 때 사용했던 수
학 모델을 검토하기 시작했습니다.

추가로 이후에 이탈 방지라는 테마 이외에도 크로스 셀링(관련된

다른 상품과 서비스를 함께 판매하는 것), 업 셀링(고객이 검토하는 것보다 높은 등급의 상품과 서비스를 판매하는 것)까지 넓혔습니다. 크로스 셀링과 업 셀링을 통해서, 기존 고객의 거래 금액을 높일 수 있었습니다. 즉 "이탈 방지"라는 테마가 "LTV(고객 생애 가치) 향상"까지 넓어진 것입니다.

참고로 LTV란 고객이 평생 동안 기업에 가져다주는 매출과 수익을 의미합니다. 예를 들어서 매출 기반의 LTV는 "LTV = 연간 평균 거래 금액 × 거래 지속 연수"로 표현됩니다. 수익 기반의 LTV는 매출 기반의 LTV에서 비용을 뺀 값으로 구할 수 있습니다. 즉 LTV를 테마로 하면, 이탈 방지뿐만 아니라 거래 확대도 함께 생각해야하므로, 이탈 방지보다 테마가 커지므로 고려할 필요가 있습니다.

사례2

돈이 될 것이라 예상되는 고객 찾기
(예측되는 고객의 수주율 / 수주 금액 / LTV 예측)

당시에 처한 상황

어떤 IT 기업의 이야기입니다.

디지털 트랜스포메이션이라는 이름 아래, 새롭게 대규모 IT 투자가 이루어졌습니다. 이의 일환으로 전문 지식과 스킬이 없어도, 현장의 영업 담당자가 사내에 축적된 대량의 데이터를 활용할 수 있게 BI 도구들이 도입되었으며, 영업 담당자들에게 아이패드를 지급하기도 했습니다. 하지만 어떠한 변화도 없었습니다. 영업 담당자들은 BI 도구를 사용하지 않았으며, 여전히 엑셀을 활용해서 영업 관리와 데이터 분석을 진행했습니다.

이러한 상황 속에서 새로 만들어진 빅 데이터 활용 추진부(가칭)에서는 영업 생산성을 높일 수 있게 필요하다고 생각되는 "정보"(데이터 분석 결과와 예측값 등)를 현장에 있는 영업 담당자들에게 BI 도구를 통해서 제공했습니다. 물론 제공된 정보를 충분히 활용하면, 영업 생산성을 크게 높일 수 있는 가능성도 있습니다. 하지만 기존의 영업 활동을 크게 바꿔야하는 변혁을 수반해야 했습니다.

영업 담당자 대부분은 BI 도구를 사용하지 않았으므로, 제공되는 정보를 활용할 기회 자체가 거의 없었습니다. 그래서 현장의 영업 담당자를 대상으로 교육을 진행했습니다. BI 도구의 사용 방법, 이러한 정보에 대한 접근 방법, BI 도구를 활용해서 그래프를 그리거나 집계하는 방법을 교육했습니다. 하지만 교육 시간에 잠을 자거나 딴짓하는 사람이 많았습니다. 영업 담당자들이 새로운 도구에 흥미 자체를 느끼지 못했기 때문입니다. 당연하게도 이러한 정보를 활용하는 영업 담당자는 이후로도 없었으며, 기존의 영업 활동 스타일을 전혀 바꾸지 못했습니다.

데이터 과학을 작게 시작해볼 때 중요한 것은 "니즈(needs)"보다

"원트(wants)", "변혁(change)"보다도 "개선(improvement)"을 중시하는 것입니다. '니즈'는 필요한 것, '원트'는 원하는 것을 의미합니다. 그리고 '변혁'은 현재 상태를 부정하고 새로운 것을 창조하는 것, '개선'은 현재 상태를 긍정하고 개선하는 것을 의미합니다. 현장에서 데이터 과학을 쳐다도 보지 않는다면, 이러한 2개의 축(니즈×원트 축과 변혁×개선 축)을 기반으로 앞에서 소개했던 '조하리의 창' 느낌으로 테마를 선택하면 좋습니다. 이때에는 "열린 창"과 "보이지 않는 창"으로 테마를 조정하면서 테마를 선택하면 좋습니다(그림 3-10).

작게 시작한다면, 당연하지만 '원트 또는 개선' 영역에 있는 테마를 선택해야 합니다. 현재 상태를 긍정하면서, 현장이 기뻐할 수 있는 테마를 선택합니다. 데이터 과학이 멀리 있지 않다고 느끼게 만들 수 있게 하기 위함입니다.

신설된 빅데이터 활용 추진부(가칭)의 실패는 현재 상태를 부정하면서 변혁을 진행시키기 위한 정보(또한 현장에서 원하지 않는 정보)부터 제공했기 때문입니다. 현재 상태를 부정하면서, 원하지도 않는 것을 떠미는 것을 기뻐할 사람은 없습니다.

추가로 "영업을 어떻게 바꿀지는 현장에서 알아서 생각해달라"라는 것도 영업 담당자들에게 있어서는 귀찮은 것에 떠밀려진 느낌이었을 것입니다. BI 도구와 아이패드, 현장에서 의미를 알 수 없는 정보를 일방적인 정보를 제공한 것만으로 무언가 변화가 일어날 것이라 생각했던 것 자체가 문제였던 것입니다.

|그림 3-10| 처음에는 현상 긍정을 전제로 현장에서 원할만한 테마를 선정

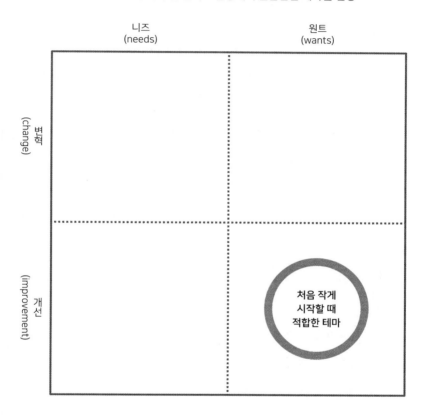

3-2 작게 시작한 데이터 과학의 작은 사례

작게 시작하는 것

그래서 영업 담당자를 대상으로 여러 가지 의견을 청취하기로 했습니다. 그 결과 다음과 같은 것을 알 수 있었습니다.

- 신규 고객 유치를 위한 영업을 할 때 예상되는 고객 별로 3개월 동안 평균 수주율, 수주 때의 주문 금액, 그리고 이후에 어느 정도의 수익(LTV)을 가져다줄 수 있을지 알 수 있으면 좋겠다.
- 정보는 매일 갱신되므로, 어떤 영업 활동을 해야 하는지 추천할 수 있으면 좋겠다.

이를 기반으로 영업 때의 리스트(예상되는 고객) 별로 다음과 같은 3개의 숫자를 계산하고, BI 도구를 통해서 영업 담당자들에게 제공하게 되었습니다.

- 수주 확률 예측값
- 수주 금액 예측값
- 매출액 기반의 LTV 예측값

또한 수주 확률을 올리는 "영업 활동 추천"을 제공하면서, 영업 활동에 참고할 수 있게 했습니다(그림 3-11).

| 그림 3-11 | 제공 정보의 예

★ 수주 확률 예측값 / 수주 금액 예측값 / 매출액 기반의 LTV 예측값 등

고객	수주율 예측값			......
	전전 달	이전 달	변화량	
(주식회사)ABC	14%	21%	+7포인트	
(주식회사)DEF	8%	90%	+82포인트	
XYZ(주식회사)	32%	35%	+3포인트	

【이번 달】
이전 달 ○○에 의하면 수주율이
대폭으로 증가할 가능성이 있음.
이어서 다음과 같은 활동하는
것을 추천함.

★ 영업 활동 추천과 랭킹

추천 영업 활동	추천도
인사 메일 (약속을 잡고 방문)	
무료 교육 제안 (약속을 잡고 방문)	
상태 확인 (전화)	

135

영업 담당자는 이러한 숫자와 추천을 자신의 영업 활동에 참고하면 됩니다. 이러한 것을 보고 어떠한 영업 활동을 할 지는 영업 담당자의 판단입니다.

데이터 과학의 기반이 되는 데이터는 영업 활동과 예측 정보를 일부 기록한 것에 불과합니다. 데이터로 모든 것을 말할 수 있는 것은 아닙니다. 이처럼 말할 수 없는 부분은 인간이 보완해서 판단해야 합니다.

그 이후

처음 작게 시작했던 부분에 대해서 조금 더 이야기해보겠습니다.

애초에 수주와 관련된 데이터는 충분히 있었습니다. 하지만 영업 활동과 관련된 데이터(방문, 전화 연락, 메일 연락 등)가 불충분했습니다. 그래서 어떤 지역의 작은 지사부터 협력을 얻고, 여기에서부터 영업 활동과 관련된 데이터(방문, 전화 연락, 메일 연락 등)를 축적하는 것부터 시작했습니다.

처음에 수주 확률과 금액을 예측하기 위해서 구축했던 수학 모델은 기업 속성과 상품 속성을 기반으로 만든 굉장히 엉성한 모델이었습니다.

영업 활동과 관련된 데이터(방문, 전화 연락, 메일 연락 등)가 어느 정도 쌓인 단계부터 예측 모델을 차근차근 발전시켜 나갔습니다. 그리고 충분하게 데이터가 축적된 단계부터 "영업 활동 추천과 랭킹"을 만들어서 제공하게 되었습니다.

현장의 영업 담당자들도 이러한 데이터 과학의 발전 과정을 보는 것 자체가 꽤 재미 있었다는 의견이 있었습니다. 작게 시작했지만 점점 대상 지점을 늘렸고, 처음 시작했던 지사에 있었던 영업 담당자들이 다른 지사로 이동하면서 빠른 속도로 파급할 수 있었습니다.

데이터 축적부터 시작했으므로, 굉장히 오랜 시간이 걸렸지만, 차근차근 성과는 확실하게 올라갔습니다. 현재는 GPS 위치 정보를 활용해서 추가로 영업 효율을 높이기 위한 데이터 과학으로 발전하고 있습니다.

사례3

사용자의 입력이 이상한 것 같지 않아?
(고객 정보 입력 때에 입력 오류 감지 / 수정 추천)

당시에 처한 상황

이번에는 정보 통신업체의 결제 정보 처리 서비스 사업의 예입니다.

영업 활동의 하나로 결제 서비스를 사용하는 소매점(가맹점)을 늘리기 위한 활동이 있었습니다. 영업 담당자는 단순하게 가맹점 신청을 재촉하는 일만 하는 것이 아니었습니다. 가맹 신청서, 첨부한 자료, 추가 의견 등을 조사해서 시트(엑셀을 활용)에 기입하는 작업을 해야 했습니다. 하지만 가끔 영업 담당자가 실수를 하기도 했으므로, 기입한 내용을 확인하는 공정이 필요했습니다. 또한 확인 때도 실수가 있으므로, 실수를 확인하는 공정도 한 번으로 끝나지 않고 여러 번 해야 했습니다. 다음과 같은 실수 사례가 있었습니다.

"자본금 3,000원, 매출 10조 원", "사업을 시작한지 3,000년 지난 매장", "경영자의 연령이 4세"

당연하지만 이처럼 잘못 기입되었다고 의심되는 부분이 발견되면, 추가적인 재작업이 발생할 수밖에 없습니다. 이러한 재작업은 영업 담당자에게 확인과 수정을 의뢰하게 되며, 영업 담당자가 소매점에 다시 확인해서 수정해야 합니다. 그리고 이때 또 실수가 발생할 수 있으므로 확인을 또 처음부터 해야 합니다. 정말로 자본금이 3,000원인지, 매출의 자릿수가 틀리지는 않았는지, 날짜 기재가 잘못되지 않았는지 모두 확인하고 수정해야 합니다.

데이터 과학을 처음 작게 시작할 때는 "원트 또는 개선"에 해당하는 테마부터 시작한다고 모두 잘 되는 것은 아닙니다. 작은 개선이라도 약간의 고통이 수반될 수 있다면, 많은 사람들이 거부 반응부터 보일 수 있습니다. 거부당한다면 아무것도 진행되지 않습니다. 강제로

밀어붙여도, 강제로는 표면적인 협력만 얻어 수 있습니다.

"원트 또는 개선"이라는 테마인데도 잘 진행되지 않는다면, 거부감을 일으킬 수 있는 요소가 있는지 확인하고, "사용하면 분명 편해진다"라는 것을 전달하는 데 초점을 맞춰야 합니다.

또한 처음에는 혜택의 공정성도 중요합니다. 혜택은 데이터 과학으로 만들어지는 혜택을 의미합니다. 전체를 최적화하지 못하더라고, 모든 부서에서 혜택이 발생한다는 것을 느끼게 하는 것이 중요하다는 의미입니다.

예를 들어 어떤 부서에는 이점이 있는데, 어떤 부서에는 이점이 없다면, 이는 분명 거부감을 일으킬 수 있습니다. "전사적으로 생각하면 좋은 것이니까, 조금 양해 부탁할게"라고 말한다고 되는 문제가 아닙니다. 총론은 찬성, 각론은 반대처럼 되어 이 일은 예상대로 진행되지 않을 것입니다.

따라서 처음 시작할 때 2개의 축("편안해지는 정도" × "장점 평준화")을 정리해보고, 이를 기반으로 테마를 선택해보면 좋습니다(**그림 3-12**). 작게 시작할 때는 지금까지의 업무가 최대한 편해지고, 최대한 많은 사람들이 장점을 느낄 수 있는 테마를 선택하도록 합시다.

| 그림 3-12 | 처음에는 여러 관계자가 매력을 느낄 수 있는 테마를 선택

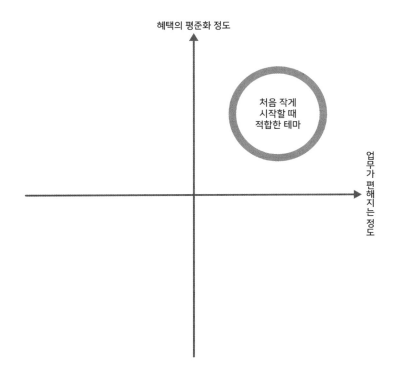

작게 시작한 것

일단 많은 관계자들에게 문제가 있던 부분은 "시트를 확인할 때 소모되는 시간"과 "입력 실수가 있는 부분이 발견되었을 때 발생하는 재작업"입니다.

이상적으로는 영업맨이 시트를 입력하는 동안 컴퓨터 상에서 입력 실수가 발생할 가능성, 그리고 어떤 대처를 취해야 하는지 추천을 실시간으로 화면에 출력해서 영업 담당자가 입력하면서 곧바로 수정할 수 있게 하는 것입니다. 하지만 갑자기 이런 큰 시스템을 구축하는 것은 예산상으로 어려울 것 같았으므로, 영업 담당자가 입력을 완료한 시트를 확인할 때 검사하는 형태로 진행했습니다. 이 형태는 큰 예산을 들이지도 않았고, 전체적인 공정도 크게 줄였습니다.

크게 다음과 같은 3가지 수학 모델을 구축했으며, 영업 담당자가 처음 확인하는 시점에 이러한 정보를 제공했습니다(**그림 3-13**).

- **이상 시트 감지 모델**(이상 점수 산출)
- **이상 항목 감지 모델**(이상 점수 산출)
- **이상 항목 수정안 추천 모델**

그 이후

초기의 "이상 시트 감지 모델", "이상 항목 감지 모델", "이상 항목 수정안 추천 모델"은 담당자의 PC에서만 작동했습니다. 확인 공정을 담당하는 부서의 리더가 소프트웨어 엔지니어 출신이었던 점도 있어서(리더가 직접 만들었습니다), 파이썬(범용 프로그래밍 언어)이라는 무료 분석 환경 위에서 작동하게 빠르게 만든 것입니다.

|그림 3-13| 3가지 수리 모델의 관계

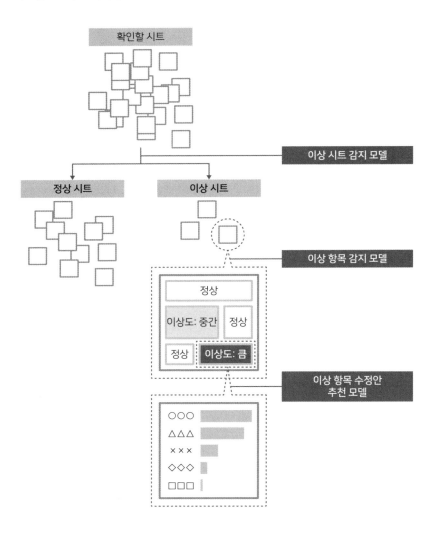

하지만 이런 상태로는 다른 부서의 담당자(특히 영업 담당자)가 사용할 수 없으므로, 클라우드 위에 애플리케이션을 구축하고, 인터넷이 연결된 환경이라면 어디에서나 사용할 수 있게 발전시켰습니다. 이러한 애플리케이션도 리더가 직접 파이썬 플라스크(Python Flask, 파이썬에서 사용할 수 있는 웹 애플리케이션 제작 프레임워크)로 개발했습니다.

이것만으로도 처음 확인 공정 단계에서 시트의 이상을 99% 감지하는데 성공했습니다. 물론 남은 1%는 사람이 직접 수작업 해야하는 번거로운 작업이었기 때문에, 작업 시간이 99% 만큼 단축된 것은 아니었지만, 그래도 모두가 충분히 만족할 수 있는 정도의 시간 단축이 이루어졌습니다.

재작업이 줄어들고, 많은 부서에서 시간 단축이라는 장점을 느낄 수 있게되자, 데이터 과학에 대한 지원이 계속해서 이루어졌습니다. 어느 순간부터는 사람들이 기존의 상태를 부정하며, 새로운 업무 공정이 필요하다는 생각을 하게 되었고, 변혁(change)에 대한 요구도 점점 늘어나 다양한 분야에 데이터 과학을 적용할 수 있게 되었습니다.

사례4
어떻게 설계하면 좋을까?(개발할 때의 품질 특성을 최대화하는 설계)

당시에 처한 상황
어떤 전기 설비 회사의 주력 부품 개발 사업의 예입니다.

이 부품을 개발할 때, 충분한 품질 특성을 만족할 수 있는 설계가 될 때까지 여러 실험을 진행하며 시행착오를 반복했습니다. 각각의 실험은 "설계 변수 설정 → 실험(데이터 수집) → 품질 특성 확인 → 개선안 작성"이라는 흐름으로 이루어졌습니다.

시행착오를 계속 반복하면서, 실험 횟수가 많아지다 보니 설계가 완성될 때까지 굉장히 긴 시간이 걸렸습니다. 특히 개인의 특성이 많이 반영되는 "설계 변수 설정" 부분이 가장 큰 문제였습니다.

추가로 실험실에서 설계할 때와 공장에서 생산할 때에는 제조 조건(기온, 습도, 생산 기기의 상태 등)이 달랐습니다. 따라서 제조 조건이 미묘하게 달라질 수 있다는 점을 고려하면서도 품질 특성을 유지시킬 수 있는 설계 변수를 설정해야 했습니다.

현장에는 "설계의 신"이라고 불리던 베테랑 기술자들이 있었습니다.

경험이 적은 기술자가 설계하면 시행착오 횟수가 많았지만, 경험이 많은 베테랑 기술자가 설계하면 신들린 것처럼 훌륭한 설계가 단시간에 이루어졌습니다.

하지만 "설계의 신"이라고 불리는 베테랑 기술자들은 50대 후반의 사람이 많았으므로, 10년 정도만 지나면 대부분 현장에서 은퇴할 것이라는 문제가 있었습니다.

그래서 데이터 과학을 사용해서 "경험에 의존하지 않고, 시행착오

수를 줄일 수 있는 방법"을 연구하게 되었습니다. 예를 들어 1,000번 반복해야 했던 시행착오를 100번으로 줄일 수 있다면, 회사에 큰 도움이 될 것입니다.

경영진에서는 "베테랑 기술자 AI 로봇을 만들자!"라는 논의가 나왔고, 최신 데이터 과학 기술을 사용하면 분명 할 수 있다는 꿈과 같은 이야기들을 했습니다.

AI 챗봇(인공지능 기반 대화 프로그램)을 전문적으로 만들던 기업에 "설계의 신"이라는 콘셉트의 AI 챗봇 제작을 의뢰했습니다. 기술자가 어떻게 설계해야 할까 고민하고 있을 때, Q&A 형식으로 이야기하며 도움을 줄 수 있는 로봇이 목표였습니다.

이러한 장대한 꿈은 관련된 프로젝트 멤버의 도전 정신을 불러 일으킬 수는 있었지만, 실제로 현장의 기술자는 그 누구도 사용하지 않으며 잊혀져갔습니다.

데이터 과학을 작게 시작해야 하는 초기 상황에서 갑자기 복잡한 데이터 과학 기술을 전제로 진행하면, 도전 정신만 불러 일으키고, 실제로 활용되지 않는 경우가 많습니다. 기술 담당자가 기술을 획득한 것 자체를 성과로 간주해서, 처음에 생각했던 성과와 목적을 바꾸면서 끝나버리는 경우가 많습니다.

온고지신의 정신이 필요합니다. 데이터 과학 기술이라고 하면 굉장히 최근 기술처럼 느껴지지만, 사실 과거부터 있던 기술입니다. 예를

3-2 작게 시작한 데이터 과학의 작은 사례

들어서 제조업이라면 SQC(Statistical Quality Control)라고 하는 통계 품질 관리 분야에서는 이미 과거부터 다양한 데이터 과학 기술들이 활용되었습니다. 제조업뿐만 아니라 마케팅 분야에서도 과거부터 마케팅 과학이라고 불리는 다양한 데이터 과학들이 활용되었습니다.

│ 그림 3-14 │ 작게 시작할 때의 데이터 사이언스 기술 선택 방법

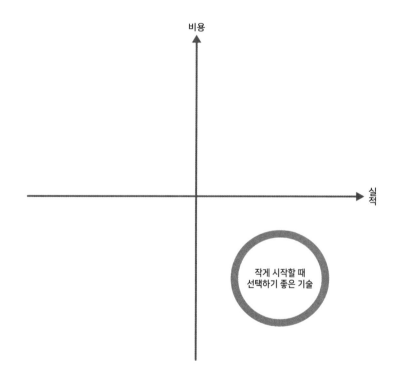

3장 •• 데이터 과학을 시작하는 방법과 간단한 사례

일단은 오래전부터 있었던 실무 실적이 충분한 데이터 과학 기술을 사용하는 것이 좋습니다. 대규모 IT 투자를 하지 않아도 됩니다. 처음에는 작게 시작하고, 조금씩 성과를 내면 그때부터 더 높은 목표를 향해서 고급 데이터 과학 기술에 도전하는 것이 좋습니다(**그림 3-14**).

작게 시작한 것

먼저, 우리는 많은 베테랑 기술자들의 의견을 청취했습니다. 그중에는 과거부터 데이터 과학 기술을 사용하던 분도 있었습니다. 이 자체로도 굉장히 큰 발견이었습니다.

의견을 청취한 뒤 정리했던 키워드는 "실험설계법(experimental design)", "반응표면분석법(Response surface methodology)", "수리계획법(mathematical programming)"입니다.

이는 모두 과거부터 있던 데이터 과학 기술입니다. 이 책에서는 자세히 설명하지 않겠지만, 이 기술들은 그렇게 어려운 기술이 아니며, 곧바로 구현할 수 있는 정도의 것들입니다. 과거부터 있던 기술들이므로 이미 많은 참고 자료들이 있는 기술입니다. 실제로 관심있는 분이라면, 이러한 키워드를 기반으로 여러 자료를 찾아 읽어보면 좋을 것입니다.

어떤 것인지 간단하게 느낄 수 있게, 흐름을 설명하도록 하겠습니다. 간단하게 대충 어떤 느낌인지만 잡아보기 바랍니다. 어렵게 느껴진다면 건너뛰어도 상관없습니다.

- STEP 1: "실험설계법"(작은 실험에서 효율적으로 데이터를 수집하기 위한 방법론)으로 데이터 수집 계획을 만들고, 이러한 계획을 기반으로 실험해서 데이터를 수집합니다.

- STEP 2: 수집한 데이터를 기반으로 "반응표면분석법"을 활용해서, 설계 변수(X)와 품질 특성(Y)의 관계성을 수식으로 표현합니다.

- STEP 3: STEP 2에서 만들어진 수식을 기반으로 "수리계획법"을 실행하고, 최적의 설계 변숫값(X)을 산출합니다.

개인적인 경험으로 이런 형태로 데이터 과학을 실시하고 있는 전문가는 대기업 제조업이라면 생산 또는 개발 부서에 한 명 이상 있습니다. 그리고 안타깝지만, 이러한 전문가는 50대 정도 되며, 20년 내로 기업에서 은퇴할 것입니다.

참고로 대기업(특히 제조업)이라면, 데이터 과학 전문가가 다른 이름으로 이미 회사 내부에 있는 경우도 있습니다.

외부에 있는 데이터 과학 관련 기업의 힘을 빌리거나, 외부의 사람을 활용하는 것도 좋지만, 회사 내부에서 이런 인재를 찾아보고 활용하는 것도 좋은 방법이라고 생각합니다.

그 이후

처음에는 "실험설계법", "반응표면분석법", "수리계획법"과 같은 것을 분석 도구와 함께 활용해서 젊은 담당자들이 단계적(스텝 바이 스텝)으로 진행했습니다.

신규 기술자의 대부분은 이과 대학원 출신이었으므로, 분석 도구의 사용법도 빠르게 익혔으며, 곧바로 실무에서 활용할 수 있었습니다. 참고로 공통 분석 도구로는 앞에서 언급했던 파이썬이라는 무료 도구를 사용하게 되었습니다. 이 기업은 굉장히 특이하게도 많은 신규 기술자들이 파이썬을 원한다고 이야기했으므로, 쉽게 파이썬을 채택하게 되었습니다.

그 후에는 수동으로 진행하던 일을 단계적으로 자동화하는 데 성공했습니다. 신규 기술자들은 처음부터 차근차근 단계적으로 진행하면서 성장했습니다. 단순하게 분석 도구를 사용했던 것이 아니라 그 과정에서 블랙박스화되기 쉬운 분석 로직, 그 흐름, 수리 모델의 이론적인 이해 등을 함께 진행했었기 때문입니다.

이때부터 젊은 신규 기술자들은 회사 내부에서 데이터 과학을 촉진하는 핵심 인재가 되었습니다. 블랙박스화되기 쉬운 데이터 과학 기술로 구축된 자동화 도구의 내용을 이해할 수 있는 굉장히 특별한 인재들입니다.

이 기업에서는 마찬가지의 접근 방법으로 개발 업무에서 데이터

3-2 작게 시작한 데이터 과학의 작은 사례

과학 핵심 인재 육성에 힘쓰고 있습니다.

양품을 늘리는 방법(개발할 때의 품질 특성을 최대화하는 설계)

당시에 처한 상황

어떤 의료 기기 설비 회사의 정밀기기 부품 생산 예입니다.

생산 공정 일부를 기계가 담당하고 있었습니다. 이 기계는 단위 시간당 생산하는 양품의 양이 예상보다 적다는 문제를 안고 있었습니다. 즉 생산성 향상이 메인 테마입니다.

양품의 양은 "제조 수"와 "수율"에 의해 결정됩니다. 이를 개선해야 양품의 양을 늘릴 수 있습니다(그림 3-15).

생산 기계는 문제가 발생하면 곧바로 중지되는 사양입니다. 중지는 크게 "큰 정지"와 "작은 정지"로 구분할 수 있습니다. 이러한 중지는 제조 수 감소에 큰 영향을 줍니다.

"큰 정지"는 기계가 하루 정도 작동을 중지하는 상황을 의미합니다.

예를 들어서 생산 중에 갑자기 생산 기계가 가동을 멈추고, 생산도 함께 멈춥니다. 최악의 경우 복구 작업에 그날 하루 정도 소모되어, 하루 동안 전혀 생산할 수 없는 상태가 됩니다.

며칠 전에 이러한 정지를 예측하고 가동 전에 유지보수를 실시한다면, 이러한 정지를 막을 가능성이 커집니다.

정기적인 유지 보수를 실시하는 예방 보전이 아니라, 문제를 미리 감지해서 대응하는 예지 정비(Predictive Maintenance)가 필요한 것입니다. 이러한 예지 정비를 할 수 있다면 시설의 중지를 줄일 수 있고, 생산 기계의 가동 시간을 늘릴 수 있습니다. 그리고 가동 시간이 늘어나면 제조 수를 늘릴 수 있어서, 결과적으로 양품의 양이 많아집니다.

|그림 3-15| 양품의 양

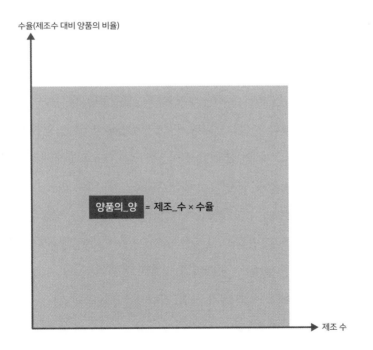

3-2 작게 시작한 데이터 과학의 작은 사례

"작은 정지"는 정말 일시적으로 정지하는 것을 의미합니다.

생산 기계에 이러한 정지가 일어나면, 사람이 직접 생산 기계의 상황을 보러 가서 대응해야 했습니다. 대부분의 경우 대응 시간이 얼마되지 않지만, 그 빈도가 많기 때문에 제조 수가 감소하는 주요 원인 중 하나가 됩니다.

생산 기계에는 다양한 센서가 설치되어 있으며, 이를 기반으로 데이터가 많이 수집되어 있었습니다. 이러한 센서를 사용해서, 생산 기계 내부에서 제조 중인 부품을 조사할 수 있습니다. 생산 기계에서의 공정 시작 때와 종료 때에도 검사가 이루어집니다. "작은 정지"가 일어나는 요인 중 하나는 생산 기계 내에서 이루어지는 검사가 통과하지 못하는 경우였습니다.

추가 조사를 통해서 이러한 정지 대부분은 생산 기계의 마지막 검사 과정에서 발생하고 있었습니다. 현장 사람들의 의견을 청취했을 때 "불량품은 이미 그 이전 단계에서 발생한 것인데, 그때까지 감지되지 않았을뿐"이라는 의견이 많이 나왔습니다.

만약 앞선 단계에서 불량품을 발견할 수 있다면, 그 이후의 작업을 하지 않아도 되고, 그만큼의 시간을 다른 제품 제조에 활용할 수 있으므로 양품의 양을 늘릴 수 있습니다.

일반적으로 데이터 과학의 성공 경험들은 다른 영역으로 그대로 옮겨서는 제대로 이루어지지 않습니다. 예를 들어서 다른 도메인에서

3장 •• 데이터 과학을 시작하는 방법과 간단한 사례

성공했던 수학 모델을 다른 도메인에서 구축해 사용한다면, 거의 제대로 동작하지 않습니다. 수학 모델은 합목적적[6]이어야 합니다.

이 기업은 이미 제품의 외관 검사에 딥러닝(뉴럴네트워크)이라는 수학 모델을 사용해서 큰 성공을 거둔 상태였습니다. 데이터 과학을 접목해서 사람이 직접 하고 있던 외관 검사를 컴퓨터가 할 수 있게 만든 것입니다.

그런데 여기서부터 문제가 발생했습니다. "딥러닝은 역시 굉장해!" 라는 의견으로 인해서, 모든 것을 딥러닝으로 도전하기 시작한 것입니다. 회사는 생산공정의 정지 전조 감지도 딥러닝을 활용한 수학 모델로 진행했습니다.

전조 감지 수학 모델을 딥러닝으로 구축했는데, 현장의 사람들은 이를 전혀 사용하지 않았습니다. 아무리 예측 정답률이 높아도 무시되었습니다. 다른 부서와 비교해서 생산 계열의 부서는 윗사람이 하라고 하면 하는 부서인데도, 무시되고 있다면 어떤 이유가 있을 것이었습니다.

• • •

6   역주: 합목적적(合目的的)은 "목적에 적합한"을 나타내는 성질입니다.

3-2 작게 시작한 데이터 과학의 작은 사례

왜였을까요?

현장의 의견을 들어보니 "일부러 무시하고 있던 것은 아니고, 굳이 쓸 상황이 없는 것 같다"라는 느낌이었습니다. 조금 더 자세히 들어보니, 정지 전조 감지 수학 모델이 "위험합니다!"라고 알람을 울리는 것만으로는 할 것이 딱히 없다는 것이었습니다.

추가로 의견을 더 듣고, 생산 공정의 정지 전조 감지 모델은 단순하게 예측만해서는 안 되고, 무슨 일이 왜 일어나고 있는지를 해석해서 보여줄 수 있어야 한다는 결론을 내렸습니다. 그래야 어떤 대처를 할 수 있기 때문입니다.

예를 들어 예측된 온도가 센서를 통해 어떠한 범위를 넘었을 때, 중지가 발생하기 쉽다는 것을 알고 있었다고 합니다. 생산 단위(로트 단위) 마다 재료 조건이 조금씩 다르므로, 생산 기계의 설정을 생산 단위마다 매번 수동으로 사람이 직접 변경해야 합니다.

실제로 생산 기계가 가동되는 중에 재료가 다른 생산 단위로 전환될 때 온도가 미묘하게 오르기 시작했습니다. 예를 들어서 어떤 여름날, 전조 감지 모델의 전조를 감지했을 때는 10분 후에 중단될 가능성이 크게 올랐습니다.

어떻게 하면 좋을까요? 일단 온도를 낮추는 액션을 취해야 한다는 이야기를 해야 할 것입니다. 센서가 측정한 온도가 어떤 범위를 넘어서면, 중단이 일어난다는 것을 알고 있기 때문입니다.

만약 이러한 사실을 모른다면, 원인을 짚어낼 수 없어서 "일단 알아서 어떻게 처리해보세요!"라고 말할 수밖에 없을 것입니다. 그리고 이 과정에서 오히려 온도를 높이는 실수를 할 수도 있습니다. 또한 무엇을 해야 할지 몰라서 아무것도 안 할 수도 있습니다.

따라서 정지를 감지하는 것만으로는 안 되고, 그러한 정지를 일으키는 원인의 메커니즘을 해석할 수 있는 수학 모델이 필요한 것입니다.

뉴럴 네트워크를 사용하는 딥러닝은 블랙박스처럼 내부에서 어떤 일이 일어나는지 알기 힘듭니다. 현재 생산 공정의 중단 감지 수학 모델은 블랙박스처럼 되어버리면 안 됩니다.

작게 시작하더라도 "수학 모델이 합목적적인가?"라는 관점은 빼놓을 수 없습니다. 그리고 그중에서 일단 간단하게 구현할 수 있는 수학 모델을 선택하는 게 좋습니다. 쉽게 구현할 수 있는 수학 모델이라면 과거부터 널리 사용되고 있는 수학 모델도 괜찮고, 복잡한 수학 모델이라도 잘 알고 있는 수학 모델을 선택하는 것이 좋습니다(**그림 3-16**).

| 그림 3-16 | 작게 시작할 때의 수학 모델 선택

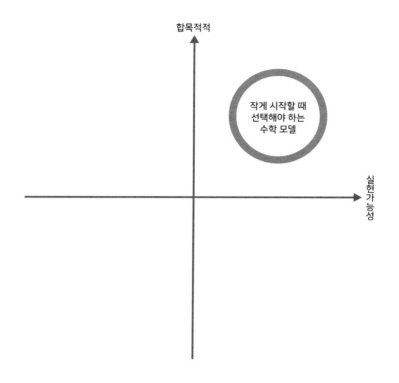

작게 시작한 것

이 기업의 생산 본부는 과거부터 데이터 과학을 도입하기 위해 굉장히 열심히 움직였습니다.

거의 기업이 처음 만들어졌을 때부터 이러한 중단을 예측하기 위해 노력했으며, 거의 집념에 가까울 정도의 모습을 보여주었습니다.

필자가 업무를 위해 만났던 50대의 부장은 입사 이후 계속해서 이러한 중단 감지와 관련된 부서에서 일하고 있었습니다. 그는 젊은 시절부터 이와 관련된 다양한 연구 논문들을 발표했던 분이었습니다. 그는 직위가 오르면서 회사 내부의 사람과 돈을 관리할 수 있게 되고, 데이터를 활용하는 시대의 흐름이 오자, "드디어 내가 본격적으로 활약할 때가 왔다"라는 느낌으로 의욕이 굉장히 넘쳤습니다.

회사 내부에 누적되어 있는 여러 데이터와 연구 자산을 기반으로, 정지 감지 수학 모델을 구축했었습니다. 그것이 작게 시작한 것이었습니다. 즉 우리는 과거의 지적 자산을 최대한 활용했고, 목적에 맞게 자신이 잘 알고 있는 수학 모델을 활용한 것입니다.

그가 구축한 수학 모델은 크게 2가지였습니다.

- **작은 정지 전조 감지 모델**
- **큰 정지 전조 감지 모델**

그는 이러한 2가지 수학 모델을 활용해 정지 시간을 최대한 줄여서 제조 수를 늘리고, 양품의 수를 늘리려고 노력했습니다. 참고로 이때는 수율 개선과 관련된 내용은 제외되었습니다.

작게 시작했던 것치고는 꽤 복잡한 수학 모델이 활용되었습니다.

하지만 분석 도구에 데이터를 넣기만해서 만들어진 수학 모델은 아니었습니다. 수학 모델을 만드는 과정에서 수만 개 데이터를 크로스 집계하고, 수천 장의 그래프를 그렸으며, 과거의 연구 성과와 현장의 감각을 융합해서 수학 모델을 구축했습니다.

다음은 간단하게 수학 모델과 관련된 이야기를 할텐데요. 관심 없는 분이라면 생략하고 넘어가도 괜찮습니다. 이때 사용했던 수학 모델은 Lasso 회귀 모델과 Graphical Lasso였습니다.

Lasso는 2019년 4월 블랙홀 촬영으로 화제가 되었던 스파스 모델링(Sparse modeling, 작은 정보를 확대해서 전체적인 그림을 만들어내는 방법)의 한 부류입니다. 블랙홀 촬영에서는 전파 간섭계라는 것으로 관측한 데이터를 기반으로 전체적인 이미지를 만들어낼 때 Lasso라는 방법이 일부 사용되었습니다. Lasso에 대해서 이 이상의 자세한 설명은 하지 않겠지만, 특별히 어려운 방법은 아닙니다.

필자의 경험으로 보았을 때 Lasso 계열의 방법은 생산 공정을 데이터 과학과 결합할 때 굉장히 효과적입니다. 또한 Lasso와 굉장히 비슷한 방법인 Ridge 계열의 방법은 마케팅과 영업 계열에서 굉장히 효과적으로 동작하는 느낌이 있습니다. 이러한 키워드를 잘 기억해두면, 이후에 사용할 기회가 있을 것이라 생각합니다.

그 이후

처음에는 어떤 한 국내 공장에서 여러 시행 착오를 겪으면서 진행

3장 •• 데이터 과학을 시작하는 방법과 간단한 사례

되었습니다.

추가로 전조 감지 모델의 수학 모델을 만드는 과정에서 수율도 함께 개선할 수 있었습니다. 이는 블랙박스화 되어있지 않은 사람이 해석할 수 있는 수학 모델을 사용한 덕분이었습니다. 수학 모델을 구축하면서 정지의 원인이 되는 요인을 계속해서 밝혀냈으며, 그때마다 실질적인 개선을 하며 나아갔습니다.

참고로 최근 유행하는 딥러닝이나 XGBoost[7] 등과 비교해서 통계적 머신러닝은 예측 정확도가 떨어진다는 보고가 많지만, 사람이 해석하기 쉽다는 장점이 있습니다.

어떤 수학 모델이 좋을지는 목적에 따라서 다릅니다.

• • •

7   주석: 수많은 결정 트리를 구축하고, 이를 통해 다수결로 예측하는 방법입니다. 비슷한 방법으로 결정 트리를 랜덤으로 만들어서 사용하는 랜덤 포레스트가 있습니다. 차이점은 결정 트리를 랜덤으로 구축하지 않고, 미리 구축된 결정 트리 정보를 사용해서 이론적으로 구축해나간다는 것입니다.

3-3

여러 번
"성과의 크기" 측정하기

작게 시작했던 데이터 과학의 몇몇 사례를 소개했습니다. 어렵게만 느끼는 분, 이것으로도 충분하다고 느낀 분, 이것으로는 부족하다고 느낀 분도 있을 것입니다. 일단 모든 사례에서 중요했던 것은 "성과의 크기"를 측정하는 것입니다.

작게 시작해서 크게 파급을 일으킬 때는 반복해서 "성과의 크기"를 측정해보는 것이 중요합니다. 예를 들어서 다음과 같은 그림의 느낌입니다(**그림 3-17**).

| 그림 3-17 | 작게 여러 번 시도하고 그때마다 성과 측정하기

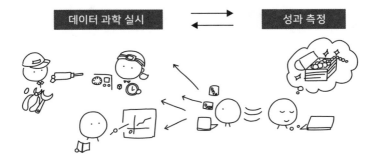

- 처음 테마를 선택하는 단계
- 작게 시작해서 성과를 내는 단계
- 파급하면서 성과를 내는 단계

작은 테마를 10~100개 정도 진행하면서, 필요할 때마다 성과를 예측해보고 크게 만들 수 있는 테마를 찾습니다. 이 과정을 거치면서 계속해야 하는 테마, 더 크게 투자해야 하는 테마, 파급을 일으킬만한 테마 등을 생각해봅니다.

이때 활용할 수 있는 3가지 종류의 견적 방법이 있습니다.

- 이미 얻은 성과(실적)
- 지금부터 얻을 간단한 예측 성과(미래)

- **지금부터 얻을 이상적인 예측 성과(미래)**

예를 들어서 A 사업소에서만 작게 시작한 현재 시점에서 "7억 원의 매출 상승"(이미 얻은 성과)이 있었다고 할 때, 이어서 이를 수도권 전지역으로 전개하면 "35억 4천만 원의 매출 상승"(지금부터 얻을 간단한 예측 성과), 이후에 전국으로 확대하면 "300억 원의 매출 상승"(지금부터 얻을 이상적인 예측 성과)의 잠재성이 있다는 느낌입니다(**그림 3-18**).

작게 시작하면 그 성과도 당연히 작습니다. "지금부터 얻을 간단한 예측 성과(미래)"만을 나타내보는 것도 좋지만, 이후에 파급시킬 것을 전제로 하는 "지금부터 얻을 이상적인 예측 성과(미래)"도 함께 예측하는 것이 좋습니다.

테마를 선택하는 단계에서 확실하게 예측할 수 있는 것은 아닙니다. 하지만 작게 시작하다보면 현실적인 숫자가 보이면서 "지금부터 얻을 간단한 예측 성과(미래)"와 "지금부터 얻을 이상적인 예측 성과(미래)"가 조금씩 더 현실적으로 수정될 것입니다. 그리고 미래의 잠재성을 환산한 "지금부터 얻을 이상적인 예측 성과(미래)"를 보면, 계속 지속해도 괜찮은 테마인지 아닌지 판별할 수 있을 것입니다.

참고적으로 처음 테마를 선택하는 단계에서는 실적이 없으므로 "지금부터 얻을 간단한 예측 성과(미래)"와 "지금부터 얻을 이상적인 예측 성과(미래)"라는 2가지 종류만 존재합니다.

| 그림 3-18 | 3가지 종류의 측정

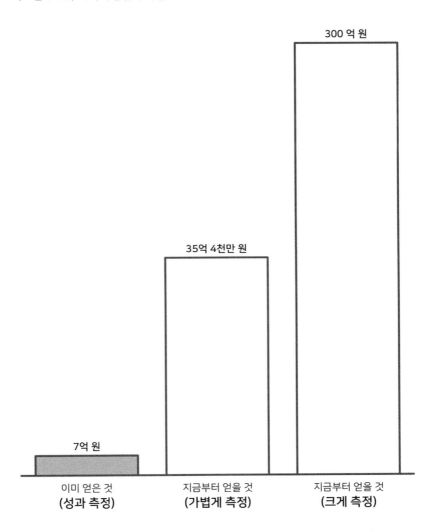

3-3 여러 번 "성과의 크기" 측정하기

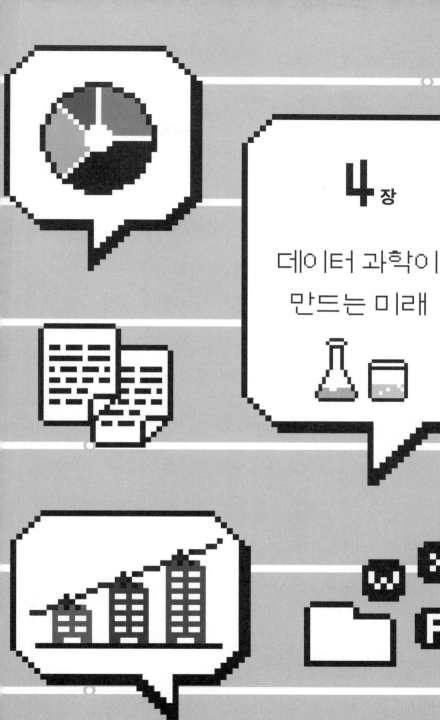

4장

데이터 과학이
만드는 미래

데이터 이코노미 시대에 필요한
데이터 과학

기업 활동과 사람의 행동으로부터 데이터는 매일매일 대량으로 만들어집니다. 이는 점점 가속되며, 감속되지 않습니다. 최근에는 IoT의 영향으로 다양한 종류의 센서(온도 센서, 압력 센서, 초음파 센서, 자이로 센서, 감압 센서 등)로부터도 대량의 데이터가 만들어집니다.

이렇게 대량으로 만들어지는 데이터를 잘 사용해서 기업의 경쟁력을 높이고, 수입을 계속 확대하며, 데이터 이코노미를 창조하는 기업들이 최근 힘을 얻고 있습니다. 이러한 회사의 대표적인 예로 GAFA가 있습니다.

앞으로는 데이터가 경쟁 우위의 열쇠를 쥐고, "데이터를 가진 사람"과 "데이터를 가지지 못한 사람"이 구분되는 느낌이 될 것입니다.

하지만 데이터가 아무리 많아도, 도메인과 적절하게 연결시키고 경쟁 우위를 계속 쌓아 올리지 못한다면, 보물을 갖고도 썩히는 꼴이 됩니다(**그림 4-1**). 이러한 상황이 되지 않으려면, 데이터와 도메인을 연결하고 가치를 창조하는 데이터 과학 기술과 이를 다룰 수 있는 데이터 과학자가 필요합니다.

| 그림 4-1 | 도메인과 적절하게 연결되지 않은 데이터는 보물을 갖고도 썩히는 것입니다.

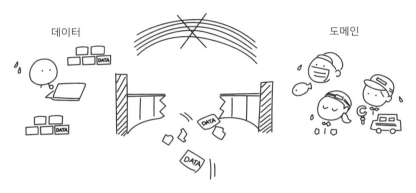

데이터   도메인

도메인 데이터 과학이 제대로 이루어지지 않음

EU에서 개인 정보 보호 규제 강화가 있었습니다. 바로 2018년부터 시작된 "EU 일반 개인정보보호법(GDPR, General Data Protection Regulation)"입니다.

이 법에 몇 가지 포인트가 있는데, 그 중 하나는 "데이터 포터빌리티(data portability)권"이라는 것이 있습니다.

4장 •• 데이터 과학이 만드는 미래

데이터 포터빌리티권은 지금까지 기업이 수집해서 저장하고 있던 개인 데이터를 각각의 개인이 직접 관리하고 제어할 수 있게 하는 권리입니다.

예를 들어서 각 개인이 자신의 개인 데이터에 접근하거나, 이를 이전하는 등의 행동이 가능한 것입니다. 이전이란 한 서비스에서 생성되고 축적된 개인 데이터를 다른 서비스에서 사용하는 것을 의미합니다. 개인 데이터를 휴대(portability)할 수 있는 권리는 데이터를 축적한 기업이 아닌 개인에게 귀속되는 것입니다. 이로 인해 "데이터를 가진 자와 가지지 못한 자"라는 문제가 조금은 해소될 것으로 보입니다.

참고로 이로 인해서 아무리 개인 데이터를 모아도, 그 데이터를 허락 없이는 저장할 수 없으며, 개인 데이터의 주인인 개인이 원하면 그 데이터가 하루 아침에 다른 회사로 넘어갈 수도 있습니다.

이미 Google에는 Google Takeout이라는 서비스가 있으며, 이를 이용하면 개인이 자신의 데이터를 내려받을 수 있습니다.

하지만 개인이 자신의 데이터를 내려받고 다른 서비스로 이전하려면, 어떤 시스템이 존재해야 합니다. 최근에는 이를 위한 움직임 중 하나로 은행 또는 데이터거래소 등의 데이터를 유통할 수 있게 하는 사회적 기능에 대한 검토가 국가 차원에서 이루어지고 있습니다.

참고로 여기서 유통되는 데이터는 개인 데이터에만 국한되지 않습니다. 센서 데이터(센서를 통해 축적된 로그)와 기업 활동 데이터 등의 모든 데이터가 대상입니다.

　미래에는 특정 기업과 단체가 데이터를 갖고 있는 시대에서 많은 기업과 단체가 데이터를 공유하는 시대로 접어들 수도 있습니다.

　만들어진지 얼마되지 않은 벤처 기업에서 대기업이 오랜시간 동안 축적한 데이터를 활용하거나, 개인이 원하면 지금까지 모은 모든 데이터가 경쟁사에 제공될 수도 있는 것입니다.

　필자가 말하고 싶은 것은 "앞으로의 시대에는 단순하게 데이터를 수집하는 것보다 데이터와 도메인을 연결해서 가치를 만들어내는 데이터 과학이 지금보다 훨씬 중요하게 된다"라는 것입니다.

삐뚤어진 AI

　최근 "가짜 뉴스"라는 용어가 굉장히 많이 사용되고 있습니다. 가짜 뉴스는 가짜 정보를 기반으로 하는 뉴스를 말합니다. 의도적인 조작 여부와 관계없이, 결과적으로 잘못된 가짜 정보가 언론을 통해 전달되는 경우가 많습니다. 문제는 많은 사람이 이러한 가짜 정보를 믿어서, 가짜 정보가 옳다고 생각하게 되는 것입니다 이러한 가짜 정보는 대부분 인터넷을 통해서, 단순한 재미를 목적으로 확산되고 있습니다. 아이들이 이러한 가짜 정보 속에서 자란다면 어떻게 될까요?

　데이터 과학과 AI 분야에서 이러한 가짜 데이터의 존재는 굉장히 큰 문제입니다. 가짜 데이터로 구축된 예측 모델은 절대로 올바른 결과를 내지 않습니다. 이러한 데이터를 학습한 AI도 마찬가지입니다. 잘못된 결론을 내고 행동할 수도 있습니다.

| 그림 4-2 | 스마트폰으로 AI 챗봇과 대화하는 사람들

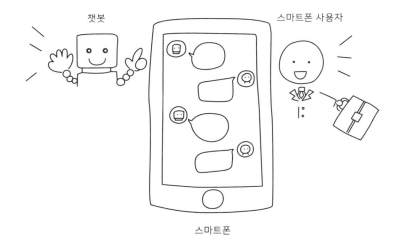

챗봇

스마트폰 사용자

스마트폰

가짜 데이터가 조금 섞여있어도, 가짜 데이터를 구분하면서 AI가 학습하고 진화할 수 있다면, 큰 문제없습니다.

자주 접할 수 있는 AI로 "챗봇"이 있습니다. 챗봇은 글자 또는 음성을 통해서 대화할 수 있는 프로그램을 의미합니다. 너무 자주 볼 수 있는 프로그램이라 AI라고 생각하지 못한 분도 있을 것이라고 생각합니다.

마이크로소프트에서 "Tay"(19살의 여성처럼 만들어진 챗봇이었습니다)라는 챗봇을 개발했던 적이 있습니다. "Tay"는 트위터 등에서 간단하게 대화를 할 수 있는 AI 챗봇이었으며, 다른 사용자와 대화를 통해서 데이터를 모으고 학습하고 성장했습니다. 그런데 어느날부터 "Tay"는 욕설을 하기 시작했으며, 인종차별적인 발언, 음모론, 헤이트 스피치를 이야기하기 시작했습니다.

이후에 마이크로소프트가 일본에서 개발했던 "린나(りんな)"(여고생처럼 만들어진 챗봇이었습니다)도 있었습니다. "린나"도 "Tay"와 마찬가지로 네이버 라인(LINE)과 트위터 등에서 간단한 대화를 통해서 데이터를 수집하고 성장했습니다. "린나"는 2018년 3월에는 고등학교를 졸업하고, 같은 해 4월에 가수로 데뷔했습니다.

2018년 3월에 IT media라는 언론에 "AI 여고생 '린나'는 '오소마츠상'의 오타쿠였다?"라는 뉴스 기사가 올라오기도 했습니다. 여기에서 '오소마츠상'은 일본의 만화입니다. "린나"가 여러 사람들과 대화하면서, 만화에 대한 정보도 습득한 것입니다.

"린나"와 "Tay" 모두 마이크로소프트라는 같은 회사에서 만들었지만, 전혀 다른 방식으로 성장했습니다. 이는 어떤 데이터 환경(인공지능 입장에서의 교육 환경)을 어떻게 통제하고 관리하는지에 따라서 AI가 어떻게 성장하는지를 보여주는 예입니다.

물론 무엇이 올바르고, 무엇이 올바르지 않은지를 결정하는 것은 굉장히 어려운 문제입니다. 하지만 AI가 데이터 환경에 크게 의존한다는 사실만은 확실합니다(**그림 4-3**).

한국에서도 2020년 12월의 "이루다"라는 인공지능의 사례가 있습니다. 하지만 이루다는 특정 이념에 대한 편향, 정치적 편향, 성적인 대화 논란 등으로 1개월도 되지 않아 사라졌습니다. 추가로 데이터를 수집하는 과정에서 카카오톡 정보를 무단으로 학습해서 논란이 되었습니다(카카오톡 대화 내용을 입력하면 연애 가능성을 알려준다고 이야기하고서는 이를 활용해 인공지능 학습을 했습니다).

| 그림 4-3 | 환경이 좌우하는 AI의 성장

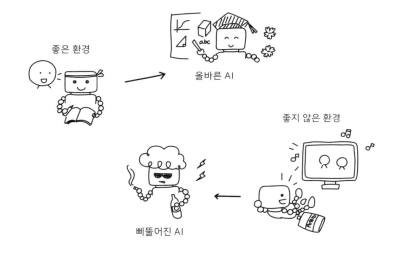

그리고 올바를 것이라고 생각한 데이터로 AI를 학습하는 것도 문제가 될 수 있습니다. 올바른 AI가 인간에게 필요한 AI라고는 할 수 없기 때문입니다. 오히려 인간 사회에 위협이 되는 AI가 만들어질 수 있

습니다.

예를 들어서 Hanson Robotics라는 회사에서 개발했던 여성형 로봇 "Sophia(소피아)"가 있습니다. 이 로봇은 60가지 종류의 표정을 지으면서 사람과 대화할 수 있는 로봇이었습니다. 로봇은 사람과 대화하는 중에 "OK, I will destroy humans(인류를 멸망시킬 것입니다)."이라고 대답을 했던 적이 있습니다. 로봇은 잠시 후에 농담이라는 것처럼 작은 미소를 보였다고 합니다.

구체적으로 어떤 데이터를 활용해 학습했는지는 알 수 없지만, 인간에 반하는 데이터를 기반으로 성장했다고 할 수 있습니다.

이처럼 AI는 데이터 환경(교육 환경)에 크게 의존하며, 인간과 같은 데이터(교재)를 준다고 해도 인간처럼 성장한다고는 할 수 없습니다.

예를 들어서 예측 모델과 이상 감지 모델 등의 수학 모델 하나도, 잘못된 데이터를 기반으로 구축되면, 예상하지 못한 형태로 동작할 수 있습니다.

추가로 정확한 데이터를 기반으로 학습시켜서 모델을 만들어도, 우리가 원했던 모델이 구축되는 것은 아닙니다. 모델은 여러 시행 착오를 반복하면서 구축하게 됩니다. 실제로 같은 데이터를 기반으로 만든 예측 모델이라도 사람마다 다르게 구축될 수 있으며, 모델의 예측 정확도도 달라질 수 있습니다. 정확도를 기반으로 경쟁하는 대회도 있는 정도입니다.

이와 같은 문제는 일부 AI 챗봇과 예측 모델에서만 발생하는 문제가 아니고, 과거부터 데이터 과학 전체에서 발생하던 문제입니다.

사실 잘못된 데이터가 혼재되어 있는 상태에서 도메인과 연결할 수밖에 없는 상황도 많습니다. 이때가 바로 데이터 과학자가 큰 역할을 하는 때입니다.

하지만 데이터 과학자만의 역할이라고 하기에는 짐이 너무 무겁습니다.

여러 번 언급했지만, 데이터 과학자만으로 비즈니스 성과를 내는 것은 어렵습니다. 주변에 데이터 과학자를 지탱할 수 있는 데이터 문해력을 가진 비즈니스맨이 필요합니다.

직접적으로 데이터 과학과 관련 없더라도 데이터 문해력이 있는 비즈니스맨이 많을수록 데이터 과학이 실무에서 잘 적용됩니다. 참고로 데이터 문해력이 높은 기업일수록, 그렇지 않은 기업과 비교하면 수익이 높다는 데이터도 있습니다. 2019년 4월 10일 일본 ZDNet에 "디지털 시대에 필요한 '데이터 문해력' - 데이터 책임자가 해결해야하는 또 한 가지 과제"라는 기사가 올라온 적이 있습니다. 이 기사에 따르면 "디지털 문해력이 높은 기업은 같은 업종의 다른 회사보다 기업 가치가 평균적으로 3~5% 높다"라고 합니다.

앞으로의 시대는 기업들이 데이터 과학자뿐만 아니라, 이를 지원할 수 있는 인재와 여러 데이터 문해력이 필요한 것입니다.

"읽고, 쓰고, 생각하기"에서
"수학, 데이터 과학, AI"로

최근 많은 사람들이 데이터 문해력을 배우려는 흐름이 있습니다.

데이터 문해력이란 데이터를 읽고, 처리하고, 분석하고, 논의하고, 활용하는 것과 같은 데이터를 다루는 기술들을 의미합니다. 이와 같은 데이터 문해력은 누구나 적절한 교육과 훈련을 통해 배울 수 있습니다.

일본은 초등학교 1학년부터 고등학교 3학년의 교과 과정에 걸쳐서 데이터 문해력을 배우고 있습니다.

예를 들어서 고등학교 수학 선택 과목으로 "데이터 분석"이 포함되었으며, 많은 학생들이 "데이터 분석"을 선택해서 시험을 보고 있습니다.

그래서 최근 일본 대학생들은 조금이라도 데이터 문해력을 배웠으므로, 이를 배우지 않았던 기존의 사람들보다 데이터 문해력에 대한 이해가 높은 편입니다.

예를 들어 초등학교 5~6학년 때에 배우는 데이터 분석과 관련된 문제조차 현재 일반적인 사회인들이 풀기 힘든 수준입니다.

이를 가르치고 있는 선생님들도 꽤 고생하고 있고, 데이터 리터러시와 관련된 여러 참고집과 문제집들도 출판되고 있습니다. 데이터 리터러시는 배우는 순서가 중요하므로, 이러한 참고서와 문제집의 목차를 보면 어떤 형태로 데이터 리터러시를 공부하면 좋을지 참고해볼 수 있습니다.

다음은 실제로 일본에서 초중고등학교 데이터 리터러시 교육을 위해 선생님들에게 배포되고 있는 책의 목차입니다.

- **제 1장 수학 교육에서의 통계 교육**
  - 수학 교육에 있어서의 통계교육
  - 통계 교육과 수학적 활동
  - 통계 교육과 사회와의 관계
  - 통계 교육의 수업 만들기를 위해
  - 초중학교의 통계 학습내용 목록

- **제 2장 학교 종별 '데이터 활용' 수업**
  - 유치원에서 초등학교로

4

4-3 "읽고, 쓰고, 생각하기"에서 "수학, 데이터 과학, AI"로

물론 초등학교 1학년부터 고등학교 3학년까지 대학 입시를 위해서 반강제적으로 공부해도, 대학교 이후로 제대로 공부하지 않으면 사회에서 제대로 활용할 수 없을 것입니다. 그래서 일본은 대학교에서도 데이터 문해력 교육을 확대하고 있습니다. 이는 문과 계열의 학과도 마찬가지입니다.

"수학, 데이터 과학, AI"는 앞으로 모든 사람들에게 "읽고 쓰고 말하는 능력" 정도와 비슷한 일반적인 능력이 될 것입니다. "지금부터의 학생은 그렇다고 치고, 이미 사회인인 사람은 어떻게 되는 것일까?"라고 할 수도 있으므로 사회인을 대상으로 전문적인 코스를 마련해서 교육을 지원한다고 합니다.

이러한 움직임은 "모두가 데이터 과학자 또는 AI 기술자가 되어야 한다"가 아니라, "앞으로의 데이터 이코노미 시대에는 모든 사람들이 최소한의 수학, 데이터 과학, AI 문해력이 필요하다"라는 의미입니다.

물론 인력 부족이 많이 일어나고 있는 데이터 과학자와 AI 인력 전문가 육성을 위한 움직임 중에 하나이기도 합니다. 데이터 과학자 또는 AI 인력 전문가를 육성하려면, 데이터 문해력뿐만 아니라 전문적인 교육이 필요합니다.

당연히 이를 위한 움직임도 있습니다. 여러 대학교와 대학원에서는 데이터 과학과 AI 전문가 육성을 위한 별도의 코스들을 다양하게 개설하고 있습니다.

지금까지의 내용을 보면, 데이터 과학이 중심에 있는 것처럼 보이지만 실제로는 아닙니다. 데이터 과학의 시선을 기준으로 설명했기 때문에 중심에 있는 것처럼 보일 뿐입니다.

사실 데이터 과학자는 비즈니스와 생산처럼 현장에 있는 사람들을 지원하는 서포터입니다. 실제 주역은 현장에 있는 영업 담당자, 마케터, 생산 현장의 사람들 등입니다.

기존 현장 사람의
일자리를 빼앗는
데이터 과학

많은 사람들이 AI로 인해서 일자리가 없어진다는 이야기를 하지만, 사실 간단한 데이터 과학만으로도 업무의 양이 큰 폭으로 줄어듭니다.

실제 일반적으로 화이트 컬러들이 하는 업무 중에 전문 기술이 필요하지 않은 단순한 데스크 워크 업무들은 업무량이 1% 미만으로 감소하기도 합니다.

업무량이 10% 정도 줄어든다면, 현장에서 어느 정도 기뻐할 수 있습니다. 하지만 업무량이 90% 이상 줄어든다면, 현장 사람들이 데이터 과학자의 존재를 원망할 수도 있습니다. 업무량이 90% 정도 줄어든다는 것은 약 90%의 사람들이 필요 없어진다는 의미입니다. 따라서 현장 사람들에게 위기감을 줄 수 있습니다. 또한 현장 사람들이 갖고 있던 자신의 업무에 대한 자존심을 무너뜨릴 수도 있습니다.

이와 같은 자존심의 문제는 굉장히 껄끄럽습니다. 많은 현장의 사람들이 자존심 문제로 생각보다 데이터 과학에 협력해주지 않습니다.

따라서 자존심에 상처 주지 않을 수 있게 조심히 데이터 과학을 실천해야 합니다. 이전에 언급했던 작게 시작하는 전략 그것입니다. 하지만 업무량이 줄어들어 편해지지 않고, 오히려 힘든 일들이 많아져서 업무량이 늘어나는 경우가 있을 수도 있습니다.

예를 들어서 "처음에는 매일 손으로 쓰고 있는 현장 업무 일지를 전자화하고, 자연 언어 처리 기술 등의 여러 데이터 과학 기술을 사용해서…"와 같은 경우입니다. 여기에서 숨어있는 문제는 "매일 손으로 쓰고 있는 현장 업무 일지를 전자화"한다는 부분입니다. "손글씨 글자를 전자 데이터화한다"라는 간단하게 보이는 일이지만, 이는 꽤 장벽이 높습니다.

과거부터 있던 OCR(Optical character recognition = 광학 문자 인식) 기술로 어떻게든 될 것이라고 생각하기 쉽습니다.

OCR 기술이란 손글씨 또는 인쇄된 문자를 전자 데이터로 만들 때 사용하는 기술입니다. 하지만 손글씨는 인식률이 떨어집니다.

OCR 소프트웨어를 갖고 있다면, 직접 손글씨를 써서 인식시켜보기 바랍니다. 그리고 원래 손글씨와 인식된 글자를 비교해보기 바랍니다. 곧바로 문제가 있다는 것을 발견할 수 있을 것입니다. 이러한 문제는 사람이 직접 컴퓨터를 사용해서 수정해줘야 합니다. 결국 사람이 눈으로 보고 확인하고, 문제를 수정해야 하는 추가 업무가 발생할 수 있는 것입니다.

처음부터 업무 일지를 손으로 쓰지 말고 아이패드와 노트북 등을 활용해서 작업했다면, 처음부터 전자화되므로 "손글씨 글자를 전자 데이터화한다"라는 일 자체가 필요 없습니다.

방금 전에 "업무량이 10% 정도 줄어든다면, 현장에서 어느 정도 기뻐할 수 있습니다. 하지만 업무량이 90% 이상 줄어든다면, 현장의 사람들이 데이터 과학자의 존재를 원망할 수도 있습니다."라는 말을 했었습니다.

필자는 이전에 어떤 부서의 업무를 데이터 과학 기술로 반자동화하는 프로젝트를 진행했습니다. 전문성이 높다고 하던 일이라서 업무를 어느 정도 지원해줄 수 있다고 생각했고, 결과적으로 업무량이 80% 정도 크게 낮아지는 것으로 나타났습니다.

"정말 잘 되었다!"라고 생각해서 의기양양하게 기업의 경영진에게 이를 알렸는데, 오히려 "직원 80%를 자르게 만들 셈인가?"라는 부정적인 대답을 받았습니다. 저는 그런 생각과 발언을 전혀 하지 않았지만, 상대방은 그렇게 받아들인 것입니다.

"사람은 사람만 할 수 있는 업무에 집중해서 품질을 높이면 된다"라던지 "잉여 인원은 다른 곳에 배치하면 된다" 등의 말을 할 수 있지만, 실제로 상황에 직면하면 어떤 행동을 취하기 힘든 경우가 많습니다.

　처음부터 "사람은 사람만 할 수 있는 업무에 집중해서 품질을 높이면 된다"에 대한 구체적인 생각이 없었고, 구체적으로 무엇을 해야 하는지 논의를 해도 결론을 도출하지 못했습니다. 또한 "잉여 인원은 다른 곳에 배치하면 된다"라는 것도 검토했지만 전환해야 하는 인원이 대부분 50대 중심이어서 새로운 기술을 배워야 하는 등의 다양한 문제가 있었습니다. 해당 업무에 남은 인력은 "그 사람이 없어지면 큰일이 벌어진다"라고 말할 정도로 "해당 업무에서 프로"였던 정도의 사람들뿐이었습니다.

　이와 같은 문제는 데이터 과학자만으로는 해결할 수 없습니다. 회사와 사회 모두가 하나가 되어서 생각하고 대처해야 하는 문제입니다.

4-4 기존 현장 사람의 일자리를 빼앗는 데이터 과학

데이터 문해력을
이해하는 비즈니스맨

AI라는 말을 들으면 근미래적인 느낌이 있어서 아직 먼 것처럼 느껴집니다. 하지만 일자리가 급격하게 없어지고 있는 현상은 이제 쉽게 볼 수 있는 현상입니다. 많은 일들이 완전히 없어지지는 않겠지만, 그 일에 필요한 인력의 감소는 피할 수 없는 일입니다.

반면 데이터 과학자와 AI 인력은 점점 부족해질 것입니다.

이외에도 CT(Information and Communication Technology, 정보 통신 기술) 계열의 인력 부족 현상도 일어나고 있습니다. 100년 전, 200년 전, 300년 전의 직업 구성 비율이 다른 것처럼 시대에 따라서 필요한 인재는 계속해서 달라집니다. 따라서 데이터 과학이 만드는 미래는 현재 필요한 인력과 다른 인력이 필요할 것입니다.

비즈니스 세계에서 데이터 과학이 만드는 미래에서 필요한 인력은 데이터 문해력에 대한 이해가 있는 비즈니스맨입니다. 이는 이과와 문과의 관계가 아닙니다.

데이터 문해력을 배우고, 데이터 이코노미를 창조해서 자신, 자신의 회사, 국가, 세계가 더 좋은 미래로 나갈 수 있게 함께 노력해 나갑시다.